学級経営も学年運営も上手にこなすコツ

学年主任の仕事術

から…

飯村 友和 著

明治図書

管理職の先生が「あなただからできる」と信じてくれたから

「自分にできるだろうか?」

学年主任を任され、不安に思っている人もいるかもしれません。

確かに学年主任の仕事には大変なこともあります。

自分のクラスの安定だけでなく、他のクラスの安定も考えなければなりません。

他のクラスの子どもや保護者のトラブルにも対応しなければなりません。

自分よりもずっとベテランの先生と学年を組むこともあるし、初任者と学年を組むこともあります。

自分に合う人と組むこともあるし、合わない人と組むこともあります。

学年の先生方の個性に合わせて、フォローをしなければならないこともあります。

学年運営に関する各種文書の作成、外部との交渉、会計など事務的な作業の量も一気に増えます。私は初めて学年主任になった時に、「たった数時間の校外学習に行くだけでこんなに文書を作らなければならないのか」と驚いたのを覚えています。

一学級担任の仕事から比べると、学年主任の仕事は大変なのです。

でも、大丈夫です。

だって、管理職の先生が「あなたならできる」と信じて、あなたに学年主任の仕事を任せてくれたのですから。できそうもない人に任せたりはしません。

だから、自分の力を信じて、あなたの思い描く学年経営を大いにやればよいのです。

学年主任には、一学級担任にはないやりがいがあります。

これまでは30名くらいの自分のクラスの子どもを相手にしてきましたが、その相手が何倍にもなるのです。より多くの子どもに関わることができるのです。大変だけれど、そこにはより多くの子どもを幸せにできるチャンスがあるのです。

私たちは、楽をするために教師になったわけではないはずです。子どもたちと関わり、彼らの成長を見届けることに私たちの喜びはあるはずです。だから、学年主任の仕事を通して、より多くのやりがいを実感できるはずです。

でも、それにはちょっとしたコツが必要です。そのコツを知っているのと知っていないのとでは、大きな差が生まれます。

私は、学年主任を任されて8年目になります。それまでは、割と「自分のクラスさえよければ」という考え方でした。しかし、当然それではうまくいきません。学年主任になってからが大変でした。しかし、その大変なことを経験する中で、それまでの自分にはなかった視点で子どもや同僚、保護者を見ることができるようになりました。

「大変」という言葉は、「大きく変わる」と書きます。大変なことを経験することで、自分自身が大きく変わるチャンスなのです。

それまでは自分のクラスの子どもにしか影響を与えることができませんでしたが、学年主任になってからは、学年全体に影響を与えることができるようになりました。

さらに、学年主任としての力をつけることで、自分のクラスの子どもに対しても、それまでより大きな影響を与えることができるようにもなったのです。

学年主任としての視点で物事を見ることができるようになったことで、自分の学級経営がそれまでよりもずっとうまくいくようになったのです。

大変だった状況が、私を大きく変えてくれました。

もちろん、すべてが最初からうまくいったわけではありません。失敗と成功を繰り返す中で、コツがわかってきました。

本書では、そんな中で獲得してきた学年運営、学級経営のコツをお伝えしていきます。

飯村　友和

もくじ

第1章 同僚から信頼を得る！ 学年主任の仕事術

第2章 問題を未然に防ぐ！ クラス担任の仕事術

第3章
人気の先生になる！ 愛され教師の仕事術

第1章

同僚から信頼を得る！学年主任の仕事術

自分のクラスがどんなにうまくいっていたとしても、隣のクラスの先生や子どもたちが苦しそうにしていたら、心から楽しむことはできません。自分も幸せだし、隣の先生も幸せ。だから、クラスの子どもも、学年の子どもも幸せ。そんな学年経営を目指します。そのためには、これまでよりもちょっと先を見通して、これまでよりもちょっと広い範囲のことを見わたして、仕事をしていきましょう。

学年主任の仕事は
3月から
始める

学年主任になることが決まったら、真っ先にすることがあります。

それは、一年間の見通しをもつことです。

前年度の学年主任の先生から、一年間でいつどんなことをしたのか、注意すべきことは何なのかを聞くのです。そして、それを時系列にして表にまとめるのです。

前年度の学年主任の先生から話を聞きながら、パソコンにどんどん打っていきます。

これは、3月中にやっておきます。

前年度の学年主任の先生の記憶がまだ新しいうちにやっておいた方がよいのです。どんなところが大変だったかなどを具体的に聞き、来年度もう一度やるならどのように改善するかということも聞いておきます。

これを4月に入ってからやろうとすると、やることが多過ぎるため、自分の負担も大きくなり、話をしてくださる前学年主任にも迷惑がかかってしまいます。

どの学校でも、児童の情報を引き継ぐ時間は設定されています。

しかし、このように学年の仕事を引き継ぎ、共有する時間は設けられていないことが多いです。

そのため、これは自分から動いてやらなければなりません。

必要な仕事は自分からどんどんつくっていきます。それをすることで、結果的に後から仕事がしやすくなるからです。

できた表を見て、そこに自分のやりたいことを書き足し、新年度の計画案をつくります。一年間の見通しを「見える化」して学年で共有します。

4月になって最初の学年会の時に学年の先生方に配り、これをたたき台にして一年間の計画を立てるのです。これがあることで、みんなで一年間の見通しをもつことができ、動きやすくなります。

そして、校外学習の施設やバスの予約、ゲストティーチャーの日程確保などをこの学年会の直後にしてしまいます。

すると、時期が早いので、たいていどこでも予約することができます。思い通りに計画を立てることができます。

さらに、教科書や指導書等を見て、一学期の予定表もつくります。

一学期の見通しを「見える化」するのです。教科についても書いておき、進度の遅れがないようにします。これがあると、学年の先生方が動きやすくなります。毎回の学年会の時に、この表を見て学習の進度などを確認します。

4 年生の主な行事と見通し

	1学期	2学期	3学期
学校行事	4月 5 始業式 12 避難訓練・役員決め 20 授業参観 23～26 学区訪問希望面談 26 1年生を迎える会 5月 18 運動会 29 クラブ開始 6月 10 水泳学習開始	9月 17 所長訪問 20 フリー授業参観 25～26 少年自然の家 10月 7 総体壮行会 30 公開研究会	2月 12 14 21 3月 17 24
学年の行事など	4月下旬 ツルレイシ発芽させ，連休後に植える 5月 10 浄水場見学 日程調整中 5月 24 自転車教室 申し込み確認 6月 5 歯磨き教室 6月 3 キャノン環境授業（申し込み済） 6月 13 清掃センター出前授業（申し込みまだ） 7月 13 消防署見学	10月 2 郷土博物 （新川 11月 1 車いす体 11月 7 アイマス 11月13 アンプテ	
かなりざっくりとした見通し ↓ それぞれでもっと詳細な見通しは立てておくこと。	4月中に，学級でのルールを整え，スムーズに生活ができるようにする。5月には運動会がある。ソーラン節の練習を3週目には始める。3年生に教える。応援団など初めてのこともある。運動会への取り組みを通して学年学級経営をしていく。 総合の環境，社会科の消防署浄水場など体験的な学習が続く。	9月の少年自然の家 星空コンサートを実施 高める。実行委員を組織 リーダーを育てる。初 1学期末に保護者に説 いねいに指導をしてい 自然の家が終わって める。テーマは福祉。	

一年間の計画（↑）と

一学期の予定表（→）

4年生1学期　行事と各教科の見通し

	4月	5月	6月
主な行事	5日（金）始業式 12日（金）避難訓練・役員決め 20日（土）授業参観 23～26日　学区訪問希望面談 26日（金）1年生を迎える会	10日（金）浄水場見学（仮） 18日（土）運動会 24日（金）自転車教室	初め　落語家さん呼んでお話を聞 3日（金）キャノン環境授業（ 4日（火）歯磨き指導 10日（木）プール開き 13日（木）　清掃センター出前授 だ）
国語	春の歌 白いぼうし	くらべて発見しよう 心のスケッチ 漢字の部首 花を見つける手がかり 分類をもとに本を見つけよう 漢字辞典の引き方	ぞろぞろ 短歌の世界 月のつく言葉 写真をもとに話そう
算数	角とその大きさ 1けたでわるわり算の筆算（5月上旬まで）	何倍でしょう 折れ線グラフ	一億をこえる数 垂直平行と四角形
理科	季節と生き物	ツルレイシの種を8日の週にポットで育てる 天気と気温 電池のはたらき（6月上旬まで）	とじこめた空気や水
社会	くらしと水	事故や事件を防ぐ	くらしとごみ
体育	体つくり運動　集団行動 運動会練習	運動会の練習	水泳学習　マット運動
図工	自分いろがみ	板の工作 段ボールを使った工作	スケッチ展に向けて描画
総合	6月からまとめて時間をとって行います。		環境体験とテーマ設定
道徳	交換授業を行います。 教材を相談しましょう。		

※授業研によって変更有　相談しましょう。

ただし、これらはあくまでもたたき台です。100%自分の思い通りにする必要はありません。組んでいる学年の先生の意見は積極的に取り入れましょう。

ベテランの先生の知識は、やはりすばらしいものがあります。経験に基づいて「ここはこうした方がよい」という考えを示してくだされば、それは取り入れるべきです。

また、若手の先生のアイデアも、積極的に取り入れるべきです。私たちはどうしてもこれまでの自分の経験の枠で考えてしまいますが、若手の先生のアイデアは、これまでの自分の枠を広げてくれるからです。

以前組んでいた学年では、私も含めて学年職員3名それぞれのこだわっているところが全然違いました。これをマイナスに考えると、合わないので足を引っ張り合ってしまいますが、プラスに考えると相乗効果を発揮することができます。

A先生は、子どもたちに本物と出会わせることにこだわっていました。彼は、国語科の授業で落語をやるにあたり、「子どもたちに本物の落語と出会わせたい」という願いをもっていました。しかし、私は映像を見せるくらいでいいと思っていました。落語家さんを呼ぶとなると、いろいろと大変だからです。しかし、A先生の思う通りにやってもらおうと、この件はA先生に任せました。すると、A先生はいろいろと調べて連絡をとり、プロの落語家さんを呼ぶことはできませんでしたが、大学の落語研究会の学生を呼ぶことができたのです。子どもたちは、大学生の落語を見てとても喜び、その後、自分たちが落語をやる時に意欲的に取り組んでいました。これも、早い時期から、学年で見通しをもって相談をしていたからできたことです。

この学年では他にも、B先生のこだわりも、私のこだわりも、それぞれ「やってみよう」ということでいろいろなことをしました。結果、相乗効果を発揮できました。やってみたことで、それぞれの引き出しが増えました。新しい学年になってからも、そこで得たことを生かすことができました。

さらに、3月中に前学年主任からは、前年度の学年便りのデータや各種提出文書のデータ、ワークシートもできるだけいただくようにしています。

▼「ヨーイ、ドン」の「ヨーイ」で勝負は決まっている。
▼一年間の流れ、一学期の流れを「見える化」しておく。

一人で抱え込んではダメ

私が初めて学年主任になった時、行事の計画や会計、各種文書づくりなどすべて自分でやっていました。そういうものだと思っていたのです。

ところが、これがやってみると、ものすごい負担となりました。

毎日何時間も残業をして、それでもなかなか仕事が回りません。

さらに、多くの量の仕事をこなしているので、一つ一つの仕事の質も当然よいものにはなりませんでした。

そして、やってもやっても終わらない仕事に対してイライラして、常に不機嫌になり、「なんで自分ばっかり」と被害者意識のような思いをもつようになってしまいました。

一人で抱え込もうとしてはいけないのです。

しかし、そうはいっても、年度途中で突然「これ、お願いできますか？」と学年の先生に仕事を振るのは迷惑です。それぞれがもうすでに仕事を抱えているのですから。

だから、年度当初に学年の仕事を分担してしまえばよいのです。年度当初ということが大事です。

例えば、今年度の私の学年では、仕事を3名で次のように分担しました。

〈学年の役割分担〉

飯村　生徒指導　研究　道徳　総合的な学習の時間　各種提出書類作成　渉外

○○先生　学力向上　清掃　音楽　英語　音読カード印刷

△△先生　体力向上　情報　各種しおり作成　図工　会計

月例テストと学年だよりの作成は輪番とする

学年の先生方も、自分が何をするのかが最初からわかっていれば、それぞれが見通しをもって仕事をすることができます。

この他に、例えば運動会では、徒競走は○○先生、障害走は飯村、ソーラン節は△△先生というように行事の中でも分担をします。

指導をする時にもその先生が前に立って指導するようにして、いつも学年主任がリーダーのような役にはならないようにします。

そして、子どもたちや保護者の前で学年の先生のよさをどんどん語ります。

「○○先生は、趣味でソーラン節を踊っているから、あんなに上手なんだよ。」

「△△先生は、昔吹奏楽部の部長だったんだよ。先生も音楽のことでわからなかったら、△△先生に聞いているんだ。」

「□□先生は、他の先生方が何かしていると、必ず駆けつけて手伝っているんだよ。先生も□□先生を見習わないといけないなと思っているんだ。」

そして、学年の先生方と冗談を言い合いながら、笑顔で会話をしている姿を子どもたちや保護者に見せることが大切です。そういった姿を見せることで、安心してもらえます。

▼一人で抱え込まず、それぞれの得意分野で貢献し合う。

チームとなる学年の先生の事情を知っておこう

学校には、体育主任、安全主任、情報主任、図工科主任、保健指導主事、出席簿担当、指導要録担当などいろいろな校務分掌があります。

学年の先生方は、学年の仕事とは別に、それぞれいろいろな校務分掌の仕事を抱えています。

学年主任としては、その仕事がどんなもので、いつ頃が忙しいのか、それぞれの校務分掌についてある程度知っておく必要があります。

知っていれば、いろいろと配慮をすることができるからです。

逆に、知らなければ、学年の先生方が忙しい時に仕事を頼んでしまうなど、相手にとって無理なお願いをしてしまうかもしれません。

例えば、体育主任の先生が学年にいた時には、運動会前にめちゃくちゃ忙しくなるのはわかっています。学年だよりの担当月をずらしてあげたり、研究授業の日程はそこを避けたりすることができます。

図工主任が忙しいのは、夏休みの作品処理をする9月です。その時期には、学年の仕事が回らないようにするのです。

その他にも、初任者研修、5年経験者研修、10年経験者研修などいろいろな研修に該当している先生もいます。研修に伴い、レポートを書いたり、研究授業をしたり、出張をしたりといろいろあります。いつどのようなことをするのかを知っておくと、配慮してあげることができるのです。

また、学年の先生方の得意分野を生かして、任せるところは任せた方が全体のためになります。

私の場合は、全体の前に立って指導するのは得意です。そして、体育の指導も得意です。理科で植物を育てたり、生き物を飼育したり、実験の準備をしたりするのも得意です。でも、音楽と図工の指導が得意ではありません。そして、事務仕事もあまり得意ではありません。パソコンもどちらかというと苦手です。

そこで、自分の得意なところは率先して引き受けて、そうでないところは学年の先生を頼ります。

得意な理科の授業は、どんどん先にやります。そして、やってみてわかったことを「こうするといいですよ。」とアドバイスします。実験の様子を写真に撮っておいて、写真を見せながら説明することもあります。一緒に授業の準備をしながら教材研究をすることもあります。

一方、苦手な図工の授業は先に得意な先生にやってもらいます。そして、私が授業をする時には、そのクラスの子の作品を借りてお手本にし、指導をします。

音楽的な行事でも最大限の努力はしますが、苦手なものは苦手なので、全体的な指導は得意な先生に任せてしまいます。楽譜の印刷など、できることで貢献するようにします。

また、お互いのプライベートなこともある程度は知っておいた方がよいでしょう。小さいお子さんがいたり、ご両親の介護をしたりと、それぞれに事情がある場合もあります。早く帰れるように調整をしてあげるとよいです。そういう先生が学年会に参加できない場合には、決まったことを文書にして伝え、その先生が動きづらくならないようにします。

お互いのことをよく知っていれば、みんなが気持ちよく働くことができます。日頃から相手のことを知り、自分のことを知ってもらう努力をすることが大切です。

▼学年の先生の校務分掌、研修、プライベートを把握し、配慮する。

何でもそろえなくていい

この頃の学校は、子どもが混乱しないように、子どもや保護者に不公平感を与えないように、何でもそろえようとする傾向にあります。

もちろんある程度そろえることは必要です。

例えば、学習の進度です。一つのクラスだけ学年だよりで示された進度から大幅に遅れていたら、保護者も心配になるかもしれません。

例えば、物品の購入です。一つのクラスだけ楽しそうな理科の実験キットを使っていて他のクラスが使っていないようなら、他のクラスの子どもたちは不満をもつことでしょう。

例えば、持ち物です。筆箱の中身のルールや、学校に置いて帰ってよいものなどです。

こういうことは学年でそろえないと、「隣のクラスではシャープペンを使っていいのに、なんでうちのクラスだけだめなんですか？」という不満を子どもも保護者ももってしまいます。特に持ち物に関しては、学年というより学校全体できちんと統一しておいた方がよいです。学年が変わるたびに変わるのでは、混乱してしまうからです。入学時に配付される「入学のしおり」などをきちんと全職員が読んでおくことが大切です。

このように、そろえた方がよいものはそろえればよいのです。

しかし、何でもかんでもそろえようとすると、それぞれの担任の先生の個性が潰されてしまいます。

音楽の得意な先生は、朝の歌でピアノの伴奏をすればよいのです。ピアノが弾けない先生のクラスではCDで歌っているからといって、その先生もピアノを弾くのをやめる必要はないのです。

体育の得意な先生は、器械運動で自分がどんどんお手本を見せればよいのです。体育の苦手な先生がお手本を見せられないからといって、自分もやめる必要はないのです。

若くて運動が好きな先生は、休み時間に校庭で子どもと走り回ればいいし、体を動かすのが苦手な先生は教室で子どもたちとおしゃべりをしていればよいのです。

それぞれの個性をどんどん出せばよいのです。さらにいえば、音楽の得意な先生は、朝の歌で学年の子全員を集めてピアノの伴奏をすればよいのです。体育の得意な先生は、学年合同で体育をして、自分がお手本を見せて他の先生に全体の進行などを任せればよいのです。体を動かすことが好きな先生は、休み時間に学年の子みんなを集めて鬼ごっこをすればよいのです。

自分の学年の子や学年の先生方のために、自分にはどんなことができるのかを考え、積極的に動いた方がみんなのためになります。

こういう姿勢で、仕事をした方が楽しいです。

また、係や当番のシステムや掲示物は、基本は子どもが動きやすいように、そして自分が指導をしやすいようにつくっていけばよいのです。

しかし、学年主任としては、「自分はこのようにやる」というものは最初に示した方がよいでしょう。特に、どのようにやるかのアイデアがない先生には示してあげた方がよいです。示した上で、同じようにやるかどうかは学年の先生に判断してもらいます。同じようにやる場合は、データをわたすようにします。データでわたせば、同じようにもできるし、その先生なりにアレンジができるからです。

そろえる、そろえないは、学年を組む先生方によるところはあります。そろえた方が安心する先生であれば、そろえればいいし、独自がよいのであれば独自でやればよいのです。

「これはそろえる。これはそろえない。」と機械的に考えるのではなく、学年の先生方、子どもたち、保護者が過ごしやすくできればよいのです。

▼担任による違いを個性として楽しめる子どもに育てる。

自分と
自分のクラスを
犠牲にしない

「一組、何回言ったらわかるんだ！　一組は集中力が足りない！」

運動会に向けての学年練習をしている時のことです。学年主任の先生が大声で自分のクラスの子どもたちを叱責しました。

しかし、できていないのがそのクラスの子だけでないことは、誰の目にも明らかでした。むしろ、そのクラスの子どもたちは一生懸命にやっていました。他のクラスの子どもたちの方ができていません。

「またか。」

諦めたような表情を浮かべるそのクラスの子どもたち。

学年全体にしっかりやらせるために、自分のクラスの子たちを全体の前でやたらと叱る学年主任がいます。自分のクラスの子を見せしめにすることで、全体を引き上げようとしているのです。

実際、この時も一組の子が叱られているのを見た周りの子どもたちは、しっかりやろうとしていました。この先生の意図の通りになりました。

しかし、私は、この方法を好みません。

「学年全体のために」という思いなのでしょうが、これでは子どもの心が離れていってしまうからです。

もちろん、後でフォローをしているのでしょう。しかし、毎回毎回きちんとやっていても全体の前で叱られるのでは、子どもたちはたまったものではありません。

この先生は、学年を安定させるために、自分が憎まれ役を買って出ているのです。

「自分が学年の重しにならなければ」

このような気持ちなのでしょう。しかし、子どもの気持ちが離れていってしまえば、自分が辛くなってしまいます。

また、学年主任のクラスは、何をやるにもいつも後回しで、「学年主任のクラスなのだから」と我慢させるのも違います。

担任の先生が学年主任かそうでないかは、子どもたちにはまったく関係のないことなのです。それなのに、いつも自分たちばかりが損をしていると思わせるのもいけません。

もちろん、逆もだめです。

児童代表のあいさつなどをいつも学年主任のクラスの子ばかりがやっていたというのを見たことがありますが、これも違います。学年主任のクラスの子がいつもおいしいところをもっていっては、周りから不満をもたれてしまいます。学年主任のクラスが学年のリーダーのような存在ではないのです。

しかし、学年主任として、ある程度大変なことを自分が率先して引き受けることは大切です。

例えば、複雑な事情を抱えた転入生が来て、どこのクラスに入れるのがよいのかという話になったとします。その場合は、率先して自分のクラスで受け入れるようにします。

例えば、みんなが忙しい時期に誰かが研究授業をやらなければならなくなったとします。その場合も、率先して研究授業を引き受けます。

しかし、それも「自分のできる範囲で」です。「自分が犠牲になっている」という被害者意識をもたないで済む程度にしましょう。

自分だけが犠牲になろうとするのではなく、学年の先生方に頼りましょう。

▼自己犠牲より学年の先生に頼る心をもつ。

交換授業を どんどん行う

「ああ、この子は授業ではこんな感じになるんだな。」

授業をすると、子どものことや学級のことがよくわかります。交換授業をすることで、学年の他の学級の様子がよくわかるようになります。もちろん、授業以外の場面で子どもたちのことを見ていて、学年会で情報交換もしていますが、授業をすると、より一層わかるようになるのです。さらに、自分の学級の子たちのこともそれまでよりもっとよくわかるようになるのです。これは、自分の学級の子どもたちのことを相対的に見ることができるからです。

「私のクラスの子たちは、授業規律はきちんと守っているけれど、このクラスの子たちみたいに伸び伸びと発言はしていないな。」「これまで意識していなかったけれど、私のクラスの子たちは、ノートを書くスピードが速いんだな。」

他のクラスで授業をすることで、自分のクラスの子たちのよさや課題がわかります。

これまでに私がやったことのある交換授業のやり方を二つ紹介します。

〈一部教科担任制〉

これは、私が学年3クラスの体育を担当し、〇〇先生が社会を、△△先生が家庭科と図工を担当するというように、一部の教科を交換するやり方です。それぞれの得意な教科を学年の全クラスで授業することができるので、授業の質を確保することができます。また、三度同じ授業を行うので、授業改善をすることができます。そして、教材研究の手間も省くことができます。

〈ローテーション道徳〉

全クラスで、道徳の授業を同じ時間にやるように時間割を組みます。

各担任が教材を分担して、すべてのクラスでその教材を使って授業をしていきます。

例えば一組の私がA教材を担当したら、まずはじめの週は、自分のクラスの一組で授業をします。そして、次の週には二組でA教材の授業をし、その次の週には三組でA教材の授業をします。同じ時間に、二組担任はB教材、三組担任はC教材の授業を行い、これを繰り返していきます。子どもから見ると、毎週の道徳の時間に交代で学年の先生が授業をしにきてくれるということになります。子どもにとって、週に一度他のクラスの先生の授業を受けることは、ちょっとした楽しみになります。

学年が三クラスの場合は、同じ教材で三度授業をすることができます。教材研究にかける時間が三分の一で済みます。試行錯誤を繰り返すので、授業が磨かれていきます。そして、同じ授業をしても反応が違うので、それぞれのクラスの特徴がよくわかります。

しかし、デメリットとして、自分のクラスで他の先生が行っている授業の教材について、担任がまったく知らないということになり、日常の指導に生かしづらくなってしまいます。

道徳で学習したことと近いことが日常の中であった時に「この間道徳で勉強したことと似ているね。こういう時はどうしたかな？」などと問い、日常の指導に生かすのですが、自分が行っていない授業についてはそれができません。

そこで、学年会の時に、どのような授業をしたのか報告し合う時間をつくるとよいです。最終板書を写真に残しておき、その写真を見せながらどんな授業をしたのかを説明し合う時間をとります。そして、日常の中で「先週、○○先生とやった道徳の授業で学んだことと一緒だよね。」と意図的に指導するようにします。また、この学年会で、授業の展開の仕方をアドバイスし合うことで、授業の改善にもつながります。

▼交換授業で負担軽減！　授業改善や児童理解につなげる。

授業研は
みんなで乗り切る

研究授業を授業者一人に任せるのではなく、学年みんなで取り組みます。

もちろん、授業者の思いを一番大切にしますが、みんなで授業をつくり上げていくのです。この共同作業を通して、学年のチーム力をアップさせることができるのです。

研究授業の単元が決まり、指導案ができたら、その指導案の指導計画通りに学年のクラスでそれぞれの担任が授業を進めます。

授業者のクラスよりも他のクラスが先行して行うことで、課題が見えてきます。そして、お互いの授業を見合い、改善点を話し合うことで、授業をよりよいものにしていくことができます。

授業者が研究授業で行う授業を、他のクラスを借りてやってみるのも効果的です。やってみて、また、他の先生に見てもらってわかることもあるからです。


授業を見た時には、気づいたことを文章に書くことをおすすめします。相手に伝えるための文章を書くことで、自分の考えを整理することができるからです。

基本は、よかった点を三つ、改善点を一つ書くようにします。

よいところは必ずあります。それを伝え、自信をもってもらいます。そのために、改善点よりもよかったところを多く伝えるようにします。改善点は、「あれもこれも」と指摘されては大変なので、基本は一つに絞ります。ただ、この数は、見た授業、授業者によって違ってきます。いずれにせよ、よかった点と改善点を両方書くようにはします。

伝える前に、「甘口が好みですか。辛口が好みですか。」とユーモアを入れて聞くと、伝えやすくなります。

やはり、私たちの仕事の中心は授業です。しかし、私たちの仕事は膨大で、一番大切なはずの授業を改善する時間がなかなかとれないというのが実情です。

だからこそ、研究授業にみんなで取り組むことで、日常の授業をよりよいものにしていくのです。授業者一人に任せるのではなく、学年みんなで取り組むことで、みんなの授業を改善することを目指します。

ある年のことです。

私は学年４クラスの学年主任でした。この年は数年に一度の指導室訪問がありました。これは、教育委員会から指導主事の先生が来られ、授業参観をしていただくものです。授業後には、授業について指導をしていただきます。

ここで行う教科は、それぞれの校務分掌によって割り振られました。一組の先生は国語。二組の私は道徳。三組の先生は社会。四組の先生は外国語活動でした。

普段の授業で決して手を抜いているわけではありませんが、やはりこのような機会ではいつもよりも時間をかけて準備をすることができます。普段はなかなかできない、言わば「ご馳走授業」ということになります。

この時、授業の準備の段階から、いろいろとアドバイスをし合いました。そして、この時につくった指導案や資料は学年で共有しました。本番に向けて、お互いのクラスで授業をし、参観し合い、授業後にもアドバイスをし合いました。

子どもたちは、普段よりも力の入った「ご馳走授業」を四つも受けることができたので、とても楽しそうでした。

私たちにとっても子どもたちにとっても、とてもよい機会となりました。

▼授業研にみんなで取り組むことで、個々の力量アップとチーム力アップを図る。

時には、言うべきことは言う

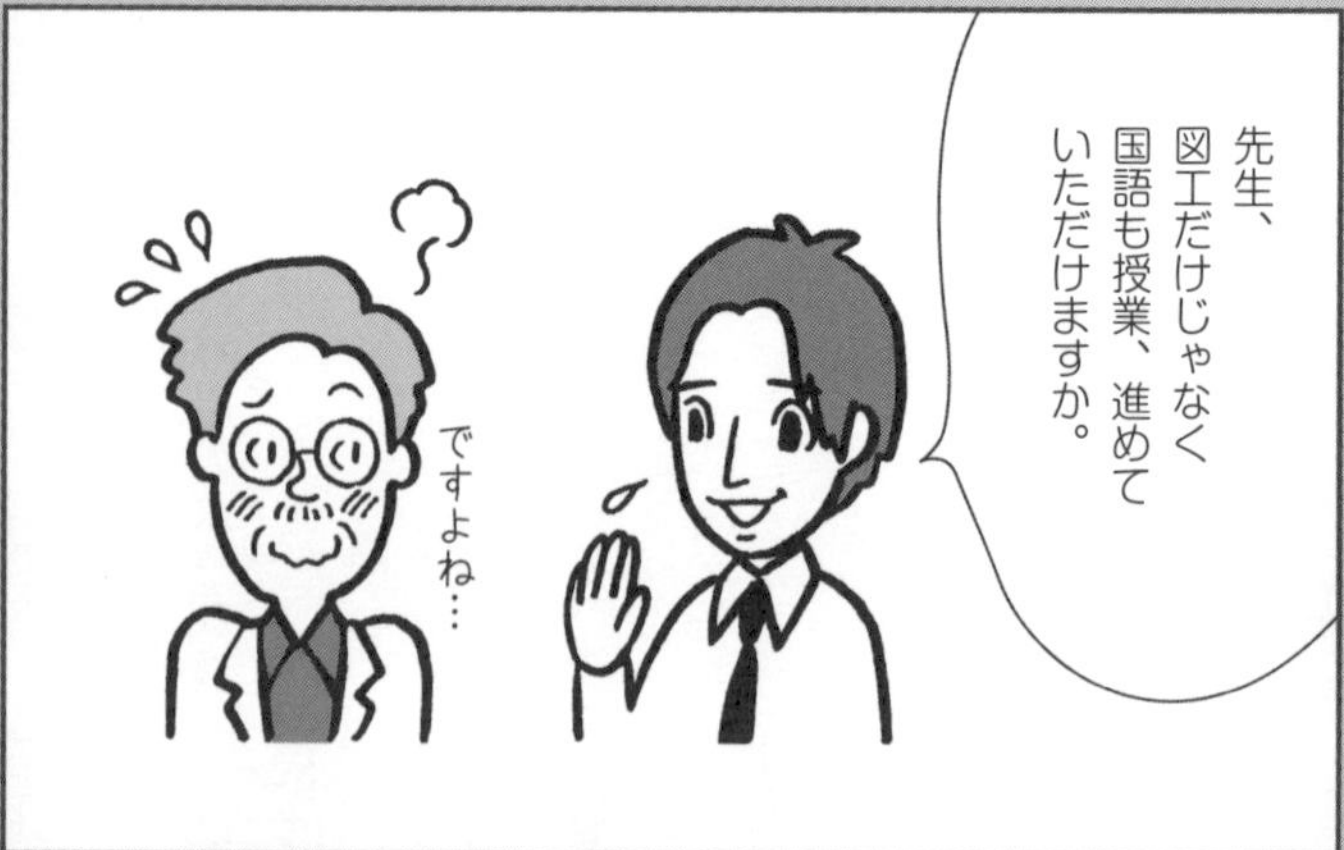

先生、図工だけじゃなく国語も授業、進めていただけますか。
ですよね…

「お前は一工夫足りない。」

初任の頃、先輩の先生によくこの言葉を言われていました。

今思えば、確かにそうです。もう一工夫すればうまくいくのに、私はその手前で終わりにしてしまうことが多かったのです。こういうことは、言ってもらえたからわかったことです。このおかげで、自分の指導を改善することができました。先輩の先生が言ってくださらなかったら、そのままの状態だったと思います。本当にありがたかったです。

だからこそ、学年を組んだ先生方にも、言うべきことは言わなければならないと思うのです。ただし、伝え方は大事です。その伝え方は、自分と相手との関係性によって考えるべきです。

学年主任をやっていて、自分より先輩の先生と学年を組むことがあります。

後輩であれば「え？」と思ったことを言いやすいのですが、先輩だとなかなか言いづらいものです。

しかし、「それはだめでしょ。」と思うことがあったら、それは言わなければなりません。

むし歯を治療するのは痛いですが、治療しないでそのままにしておいたら、もっと痛くなります。

言わずに過ごしていると、もっとひどいことになるかもしれません。

しかし、そうはいっても言いづらいですよね。

そこで、先に宣言しておくとよいです。

「私は学年主任という立場なので、言いづらいことも言うことがあるかもしれません。もしかしたら失礼なことも言ってしまうかもしれませんが、立場上言っていることなのでお許しください。逆に、私のしていることで『え？』と思うことがあれば、遠慮なくご指導ください。」

そして、実際に言わなければならない場面になったら、躊躇なく言いましょう。

「○○先生、～していただけますか？」と。

繰り返しになりますが、大事なのは伝え方です。これは、後輩だから砕けた言い方がよい、先輩だから改まった言い方がよいという単純なことではありません。相手と自分との関係性によってどのように伝えたらよいのかをきちんと考えるべきです。

そして、言うタイミングです。もちろん、子どもがいる前では絶対に言いません。子どもたちとその先生との関係が悪くなってしまうからです。他の先生方や保護者がいる前でも言いません。

そして、気になることは、お互いに言い合える人間関係を普段から築いておくことが大切です。

「それは、おかしい」と言ってみると、こちらにはわからなかった意図を説明してもらえたということもありました。言わずにずっともやもやしていたら、わからなかったことです。

逆の場合もそうです。相手が「おかしい」と思ったことを言ってもらえたら、こちらの意図を説明することができます。

自分のしていることは、自分では見えません。周りから見たらおかしいと思われるようなことでも、本人にとっては、それをずっとやり続けているためにわからなくなってしまっていることもあります。クラスの子どもたちも、なかなか担任の先生には言いづらいということもあります。担任同士がお互いに「おかしいよ」と言い合えることが、子どもたちのためになります。

▼言うべきことは言い合える人間関係を築く努力をする。

学年会は勤務時間内に行う

学年会は大切です。これまでの取り組みのうまくいっているところといっていないところを出し合い共有したり、子どもの様子を話し合って共有したり、教科や行事の見通しを共有したりすることができるからです。

しかし、勤務時間が過ぎてもずってやっている学年会はどうでしょうか。時にはそういうことが必要な場合もありますが、それがいつもというのはどうでしょう。

また、本当に緊急の場合は仕方がありませんが、そうではないのに、勤務時間外に学年会の招集をかけることも私は好みません。

それは、それぞれ抱えている仕事があるからです。学年会で決めたこと、確認したことを元に、自分の指導を構想する時間も必要です。一人で考え、作業する時間も必要なのです。そして、みんながみんな勤務時間外まで働けるわけではないのです。

小さなお子さんのいる先生もいます。親の介護をしている先生もいます。そのような先生に肩身の狭い思いをさせてはいけません。

私は、二男が生まれた時に妻の体調が悪くなり、そこに長男の幼稚園入園の時期が重なったことがありました。その時には、家のことをいろいろとやらなくてはならなくなり、勤務時間外の学年会には参加できませんでした。

学年の先生方はいろいろとフォローしてくれましたが、自分のいないところでいろいろなことが決まっていて、自分だけ置いていかれているような気持ちになりました。

勤務時間内に終わる学年会にするためには、学年会で何を話し合うのかをあらかじめみんながわかった上で話し合う必要があります。そのためには、話し合う項目を事前に書き出したレジュメを準備しておきます。そして、それを先生方に配っておきます。学年会では、それに沿って話し合うようにします。

どうしても、勤務時間外に集まらなければならないこともあるかもしれません。

しかし、それは生徒指導や保護者対応に関わる案件など特別なことだけです。それ以外では、集まらないで済むように、学年主任が見通しをもって仕事をしなければなりません。

そうはいっても突然「明日までに学年でこれを決めておいてください」ということを言われることもあります。その時には「ごめんなさい」と謝って、サッと決められるようにしましょう。

▼学年主任が見通しをもって勤務時間内に学年会を終えられるようにする。

5/7　4年生学年会の内容

飯村

○運動会

障害走

・消防車づくりについて　材料は届いているか？
いつまでに完成させるか？

・走順は？　抽選で決めようと思っていたが，衝突した時のことを考えると体格差は小さい方が望ましい。安全面を考えると背の順でよいと思われる。

応援団の朝練習は，すでに始まっている。
リレーの朝練習も行う。補欠の練習日も設定する。別紙参照。

ソーラン節を 3 年生に教えに行くのをどうするか？←○○先生，△△先生と確認しておいてください。

各クラス，子供が見通しをもって動けるように練習予定を掲示する。

○浄水場見学

・帰った後，国語の報告文を書く。前日に読んでイメージをもっておく。
・社会科の学習で質問を考えておく。
・しおりについて→今回，しおりは作らない。
　メモ用紙のみわたす。メモの仕方を指導しておく。
・持ち物　ナップザックまたはリュック（水筒、探検バックにしおりをつけたもの）、ハンカチ　ちりがみ、安全帽子　前日に算数，国語など学習に必要なものは置いて帰らせる。連絡帳で知らせる。
・歩いている途中には水分補給をしない。浄水場到着後、浄水場出発前に時間を作る。
・始めと終わりのあいさつをする子をクラスごとに決めておく。
・○○先生の出張は間に合うか？間に合わないようであれば，1組と 3 組を入れ替える。

○各推進委員会から

学年会の事前レジュメ

他のクラスのトラブル対応も学年主任の仕事の内と考える

初めて学年主任になって一番苦労したのが、他のクラスのトラブルへの対応でした。対応の仕方について「どうすればいいですか？」と相談されても、正直、「今、手が離せない仕事があるんだよな。」というタイミングも多くあり、真剣に話を聞いてあげていなかったこともありました。

また、「『どうすればいい？』って言われても、そもそもそんなトラブルは起こったことがないし、わからないよ。」と心の中で困っている自分がいたこともありました。きっと顔にも出ていたことでしょう。

これではいけません。

他のクラスのトラブル対応も学年主任の仕事のうちなのです。

そのためには、いつでも対応できるように余力を残しておかなければなりません。学年主任は、自分のことをいつも１２０％でやっていたら務まらないのです。

トラブルが起こると、経験の少ない先生は不安になります。「なんで自分のクラスでばかりトラブルが起こるんだろう。自分の指導がだめだからなのか。」と必要以上に自分のことを責める先生もいます。

そんな時は「大丈夫だよ。よくあること。一緒に考えよう。」と心が軽くなるような言葉をかけてあげるようにします。

トラブルはない方が私たち教師は楽なのですが、このトラブルを通して子どもたちは成長して、私たち教師も成長していくのです。

自分が担任していないクラスでは、自分のクラスでは起こったこともないようなトラブルも起こります。一緒に対応を考えることで、その先生も自分も成長し、チームワークもよくなっていきます。

この時、他のクラスの子どもの顔が浮かばないようでは、相談にも乗れません。学年の子どもたちと普段から積極的に会話をして、どんな子かを把握するようにします。

例えば、学年の先生に用事があって、その教室に行く時に、ついでに最低一人とは会話をするようにします。

例えば、廊下ですれ違った時に、一言声をかけるようにします。

このような小さなことを積み重ねていくことで、相談をされた時に、子どもの顔が浮かび、一緒に対応を考えることができるようになります。

そして、大切なことは、トラブルに対してあくまでもその担任の先生が中心になり対応するということです。

学年主任があまり前面に出過ぎてしまうと、その先生が子どもや保護者から頼りないと思われてしまうからです。その場に同席はしても、主にはその先生が対応するようにします。

もちろん、本当に深刻なこと、その担任が抱えきれないような状況になっているならば、話は別です。そういった場合には、前面に出て対応します。そして、状況によっては管理職にも入っていただきましょう。

また、学年の先生が電話対応や保護者と面談をしている時には、何かあったらすぐに助け船を出せるようにしておきます。勤務時間外であっても、そういった場合には可能な限り残っているようにします。

高学年の異性の子どもを指導する場合や、重大なトラブルの場合には、一対一で対応せず、複数で対応するようにします。

▼トラブルを通して子どもも自分たちも成長する。

ちょっとの時間を学年のために使う

どうしても緊急に教室を空けなくてはならなくなった時に、これまで学習した内容の復習プリントがあれば助かります。

そんな時のために、前もって何種類かプリントを準備しておきます。

その際、自分のクラスの分だけでなく、学年分印刷をしておきます。学年の先生方も助かるはずです。印刷をする時には、基本学年分を印刷するようにします。自分のクラスの分の印刷をするのも、学年分印刷するのも、労力としてそれほどの差はありません。ほんのちょっと時間がかかるくらいです。他の先生が使うかどうかわからない時は、1枚だけわたすようにして、必要があれば印刷してもらうようにします。

他、授業で使うワークシートなども基本は学年分印刷するようにします。ただし、使う、使わないは、その先生に決めてもらいます。

このようにしておくと、学年の先生方も学年分印刷をしてくれるようになります。それを当たり前だと思わず、感謝の気持ちを伝えましょう。毎日「ありがとうございます。」と感謝の言葉が飛び交う、いい雰囲気になります。

ただ、これを相手が負担に感じてしまうこともあります。「私は時間に余裕がある時にやっているだけだから、無理はしなくていいですよ。」と伝えておくとよいでしょう。

また、管理職や事務の先生への提出物がある時にも「一緒に出しておきますよ。」と持って行ってあげます。

授業で使うスライドを用意した時には、全クラスで使えるように、パソコン上でみんなが使える場所に保管し、共有します。

掃除の分担表や給食当番表などもデータを共有し、それぞれの先生が使いやすいようアレンジできるようにします。紙でつくった資料も、使い回しができるようにします。

指導書の保管場所などの共有スペースは、週のはじめに整理するようにします。

ちょっとの時間を学年のために使う習慣をもちましょう。

しかし、これらも無理のない範囲で行うようにします。「自分だけやっている」という被害者意識をもってしまうようではいけません。

学年の先生が急に休まなくてはならなくなることがあります。本人の体調が悪くなったり、お子さんの体調が悪くなったりと理由は様々です。しかし、これは一年間のうちに何回かは必ずあることです。

休んだ時に気になることの一つは、学習の進度が遅れるということです。自分が休むことによって、学習の進度が他のクラスに比べて遅れてしまうことは気になります。そこで、休んだ先生のクラスでも、できるだけ自習にはしないで授業を進めるようにします。自分のクラスと合同でできるものは合同で行います。また、補教で入っていただく先生に教科書と指導書のコピーをわたして、授業を進めてもらうようにします。

また、クラスの中で特に注意して見ておいてもらいたいポイントも事前に聞いておきます。トラブルの多くは担任がいない時に起こるものです。ずっと見ることはできませんが、言われたポイントは落とさないようにして、子どもたちが帰ったら報告するようにします。報告の際、子どもたちの悪かったところは、小さなことであればわざわざ伝える必要はありません。基本は子どもたちのよかったところを伝えるようにします。

以前に学年を組んだ学年主任の先生は「私は、子どもが小さかった時に周りの先生に本当に助けてもらった。だから、今は周りの先生の助けになりたい。」と話していました。

それぞれにライフステージがあります。バリバリ働ける時とそうでない時があります。お互いにそこを理解することが大切です。できる時にできることをして、貢献し合えればよいのです。

▼**かける労力をちょっとだけ増やしてみんなを楽にする。**

学年みんなを楽しませる**引き出し**を多くもつ

「学年のみんなでやったら楽しいな」と思えるようなことをどんどん提案しましょう。そのためには、たくさんの引き出しをもつことが大切です。

私が学年で取り組んだことを紹介します。なお、学年だけでなく、学校全体で取り組むこともできます。

〈クラスのゆるキャラ総選挙〉

子どもたちは、ゆるキャラが大好きです。それぞれのクラスで学級目標を決めたら、クラスでオリジナルのゆるキャラを決めるための総選挙をします。投票までの間、全クラスの廊下の掲示コーナーに、子どもたちの考えたゆるキャラが貼り出されます。

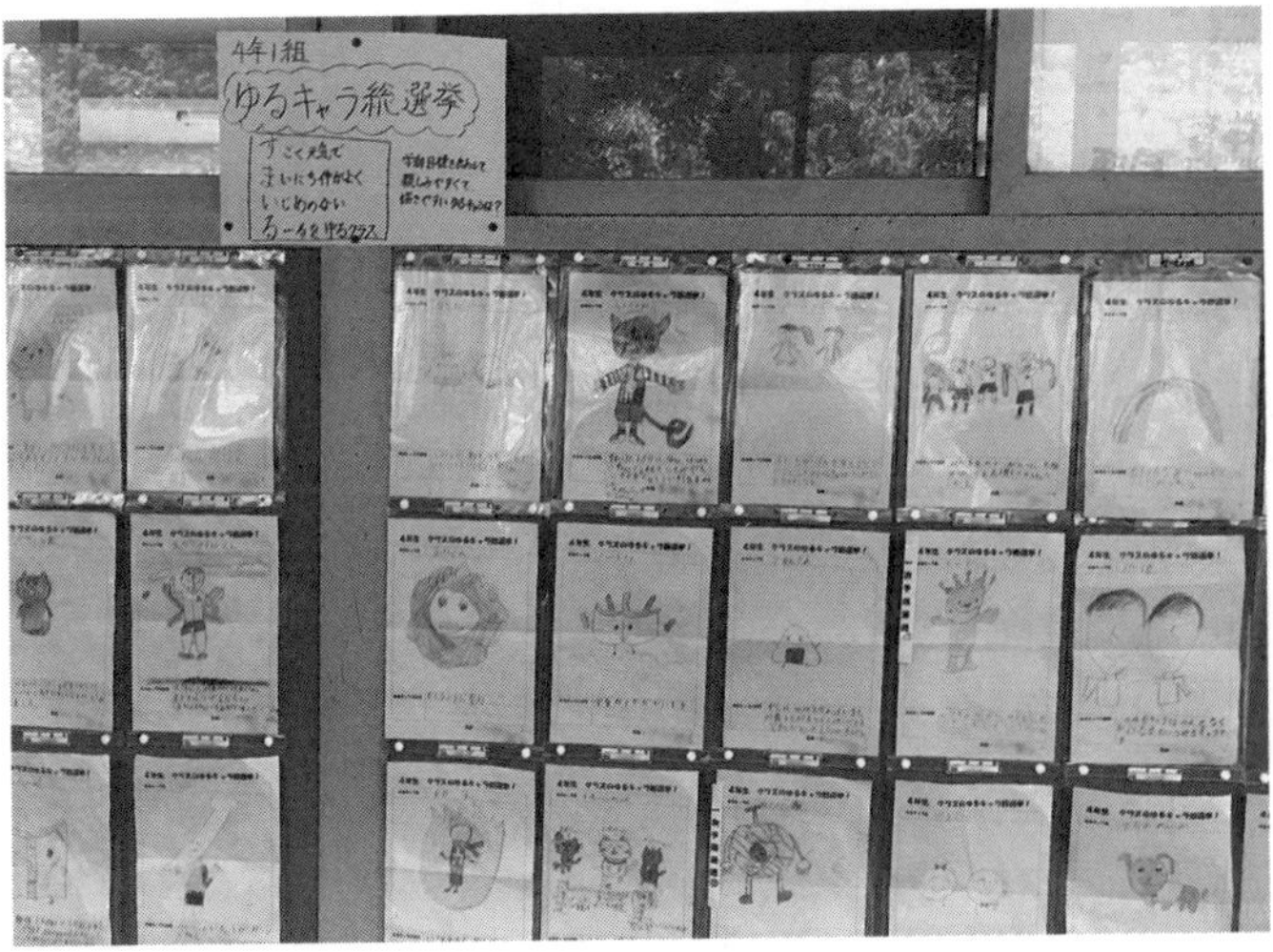

ゆるキャラ総選挙の様子

〈あいさつ運動〉

「全校のあいさつがよくなるためにはどうすればよいのか」を各クラスの学級会で話し合って決めます。

私の学年でやった時には、次のようになりました。

一組…あいさつソングをつくって校内放送で流す。

二組…あいさつ箱。段ボールの中に子どもが入っていて、ノックをされると「おはようございます。」と言いながら出てくる。（大阪の金大竜先生の「あいさつ自動販売機」を参考にしました。）

三組…あいさつ通り。みんなが通る廊下をあいさつ通りとして、ポスターを貼ったり、自分たちがそこに立ってあいさつをしたりする。

〈ハンコくださいマラソン〉

体力向上のために、休み時間に子どもたちが一人一人校庭を走ります。

校庭を１００周したら、担任の先生からハンコがもらえます。

２００周したら、学年の他の先生からもらえます。

300周したら、校長先生からハンコがもらえます。
さらに記念撮影をして、廊下に掲示されます。

〈楽しい遊びをみんなで〉

・学年体育の時に、先生が鬼になってみんなで鬼ごっこをします。
・学年レクとして、みんなで新聞紙を丸めてチャンバラ対決をします。
・校庭全部を使って、かくれんぼをします。
・夏の暑い日に水鉄砲で遊びます。（4年生だったら理科の学習と関連付けられます。）

〈歌声集会〉

各クラスの歌声を発表し合う集会を開きます。子どもから実行委員を募り、司会や審査員などを決め、すべてのクラスに「○○賞」を贈ります。○○の部分は審査員が考えます。

▼ちょっとした遊び心をもって、学年みんなで楽しむ体験をする。

幹事の仕事をみんなで楽しむ

歓送迎会や各種行事のお疲れ様会、職員旅行や忘年会など、この仕事をやっていると職員同士の親睦を深めるためのイベントが結構たくさんあります。

学年ごとで順番に幹事の仕事が回ってきます。

「面倒くさいから無難にやり過ごそう」という発想ではおもしろくありません。せっかくの機会なので、自分たちも楽しんで、みなさんにも楽しんでもらいます。それを通して、学年のチーム力のアップを図ります。

以前、運動会のお疲れ様会の「はじめの言葉」を頼まれた時には、学年の先生と二人で次のような漫才をやりました。


飯村…運動会、大成功でしたね。
A　…はい。大成功でしたね。
飯村…でもね、本当はね、私は出発係がやりたかったんですよ。
A　…そうなんですか。でも、今、ここで言われてもね。
飯村…じゃあ、今、ここで出発係をやらせてもらってもいいですか?

　私が出発係をやってピストルを撃つから、Aさんは走る役やって。

Ａ…ここでですか？　まあいいですよ。

飯村…位置について、よーい、（ピストルを上に撃つしぐさをする）

Ａ…（構える）

飯村…ドクンドクンドクン。おれは今、ピストルを撃とうとしている。おれにこの仕事ができるのだろうか。子どもたちの夢や希望をかけたこのレースの出発をおれがやっていいのだろうか。ああ、緊張する。思えば、教師になって15年……。

Ａ…（ずっこけて）長ーい！

そんなんじゃできないですよ。もう、交代。

（二人の立ち位置を交代する）

Ａ…位置について、よーい、（ピストルを飯村に向けて）バン！

飯村…（撃たれて、膝をつく）なんじゃこりゃー！って撃っちゃだめでしょ。

もう交代！

（二人の立ち位置を交代する）

このようにボケを何回か交代で繰り返して最後に。

飯村…じゃあ、二人でやろうか。

二人…（ピストルを構えて）これから、運動会お疲れ様会を始めます。
よーい、バン！

このように、自分たちも楽しみながら漫才っぽく幹事の仕事をします。ネタ合わせの時間も、ああでもない、こうでもないと楽しくやりとりをしながらやります。そして、みんなを楽しませようとネタを考えて練習をするということが、子どもたちの劇などの指導にも生きてきます。

お疲れ様会のお店選びも「例年通り」ではなく、自分たちで、おいしくて、サービスのよい、かつリーズナブルな値段のお店を開拓してみなさんに紹介するのも楽しいです。

幹事の仕事も「自分たちが楽しむ」「みんなを喜ばせる」と決めると、それ自体が充実したものになります。

▼幹事の仕事を楽しんでやることで学年のチーム力アップ。

信頼貯金を貯めて断るチカラをもつ

何でもかんでも断ろうと言っているのではありません。

子どもたちや先生方のためにならないもの。

ためにはなるけれど、あまりにコストパフォーマンスが悪いもの。

こういうものは、きっぱりと断りましょう。


私の勤務する学校で、市内外の先生方をお招きし、研究授業を参観していただく「公開研究会」が開かれました。

この時、それぞれの学年に仕事が割り振られました。

私の学年が割り振られた仕事の一つが、校門に「理科公開研究会」と書かれた立て看板を設置することでした。立て看板自体は毎回使っているものがありました。保管状態もよかったので、そのまま使うことができました。ところが、この立て看板に紙花で飾り付けをするように指示されたのです。

私は、これを断りました。

紙花はいったい誰のためにつけるのでしょうか。紙花をつけることが、子どものためになるのでしょうか。授業を見に来る参観者のために紙花をつくっている暇があったら、子どものためにもっと他にできることがあるはずです。

これが、入学式や卒業式の立て看板なら話は別です。新入生や卒業生、保護者がここで写真を撮るでしょう。紙花できれいに飾り付けてあげた方がよいです。ところが、今回は公開研究会の立て看板です。紙花がついていようがいまいが、授業には何も影響がありません。子どものためになるとは思えません。これはきっぱりと断りました。

例年やっているからという理由で続けていては、仕事は増えていく一方です。

何のためにやっているのか？

他によい方法はないか？

それを自分の頭で考えることが大切です。

ただし、きっぱりと断ることができるように、日頃からある程度のことは引き受けて、信頼貯金を貯めておくことも必要です。何でもかんでも断っていたら、ただのわがままな人と思われてしまいます。また、日頃から思ったことを率直に言い合える人間関係をつくっておくことも必要なのです。

きっぱり断るとはいっても、若い先生は断りづらいこともあります。学年を組んでいる若い先生が断れない時には、代わりに発言してあげましょう。

以前勤務していた学校では、全校朝会の準備を若手の先生方がやるということが慣習になっていました。若手の先生方が、朝早くから体育館の掃除をしたり、マイクの準備をしたりするのです。若手の先生方は他にもいろいろと仕事があるので、これが負担になっていました。しかし、当事者はなかなか言いづらいものです。

そこで、私がかけあうことにしました。

ただ断ってもだめなので、他によい方法はないかと考え、児童にやってもらったらよいと思いました。それから朝会の準備は早く登校してきた6年生にやってもらうことになり、6年生は張り切って働いてくれました。そして、「6年生、ありがとう。」とたくさんの先生方から感謝の言葉をもらってうれしそうでした。

若手の先生方は、思っていることがあってもなかなか発言しづらいものです。積極的に代弁してあげましょう。

▼先例じゃない！　自分の頭で考えて、必要のないことはきっぱりと断る。

第2章

問題を未然に防ぐ！クラス担任の仕事術

　自分のクラスでは問題を起こさない。

　問題が起こったとしても、大事にならないようにする。

　そうでなくては、他のクラスのフォローができません。

　問題が起こらない、起こったとしても大事に至らないようなクラス運営を基本とします。

型を示して、子どもたちが自分たちだけでできるようにシカケる

朝の会から帰りの会まで、一日の生活を教師にあれこれ言われずに自分たちだけでできるようにします。もちろん、授業は教師がするものですが、それ以外の部分では、基本的には教師に「あれをしなさい。これをしなさい。」と言われずにできるようにするのです。

教師が指導することを前提にしてシステムをつくっているクラスもあります。そういうクラスでは、教師が「次は、〇〇しましょう。」と一日中指示を出し続けていることが多いです。しかし、それでは他のクラスで何かあってもすぐに対応することができません。

教師に余裕があるから、周りのクラスのことも気にかけることができるのです。

また、子どもたちが自分たちで進めることができれば、その時間に他のクラスの対応だけでなく、自分のクラスの子たちの様子をじっくりと見ることができます。このじっくり見るということが問題を起こさないクラスづくりの第一歩になるのです。

「〇〇さん、表情が暗いな。」

「××さんと△△さんは、いつも一緒にいるのに、今日は離れているな。」

「日直が□□さんの時にはスムーズに進むな。」

子どもたちの様子をじっくり観察していると、いろいろなことに気付くことができます。

一日の生活は、日直がその日のリーダーとして、自分たちで進められるようにします。

日直は一人ずつ交代でやります。もちろん、最初からはうまくできません。最初の一週間は教師が日直をやり、お手本を見せてあげます。次の週から子どもたちに任せますが、最初はたくさんフォローしてあげます。

何をするのかがわかる**「日直の仕事チェック表」**を準備します。一つの仕事が終わったら、その仕事のマグネットを「完了」に移動させます。

「日直マニュアル」を準備しておき、困った時、わからなくなった時にそれを読めばよいようにしておきます。

また、朝の会、帰りの会の**「司会台本」**を準備して、それを見れば日直の仕事ができるようにしておきます。

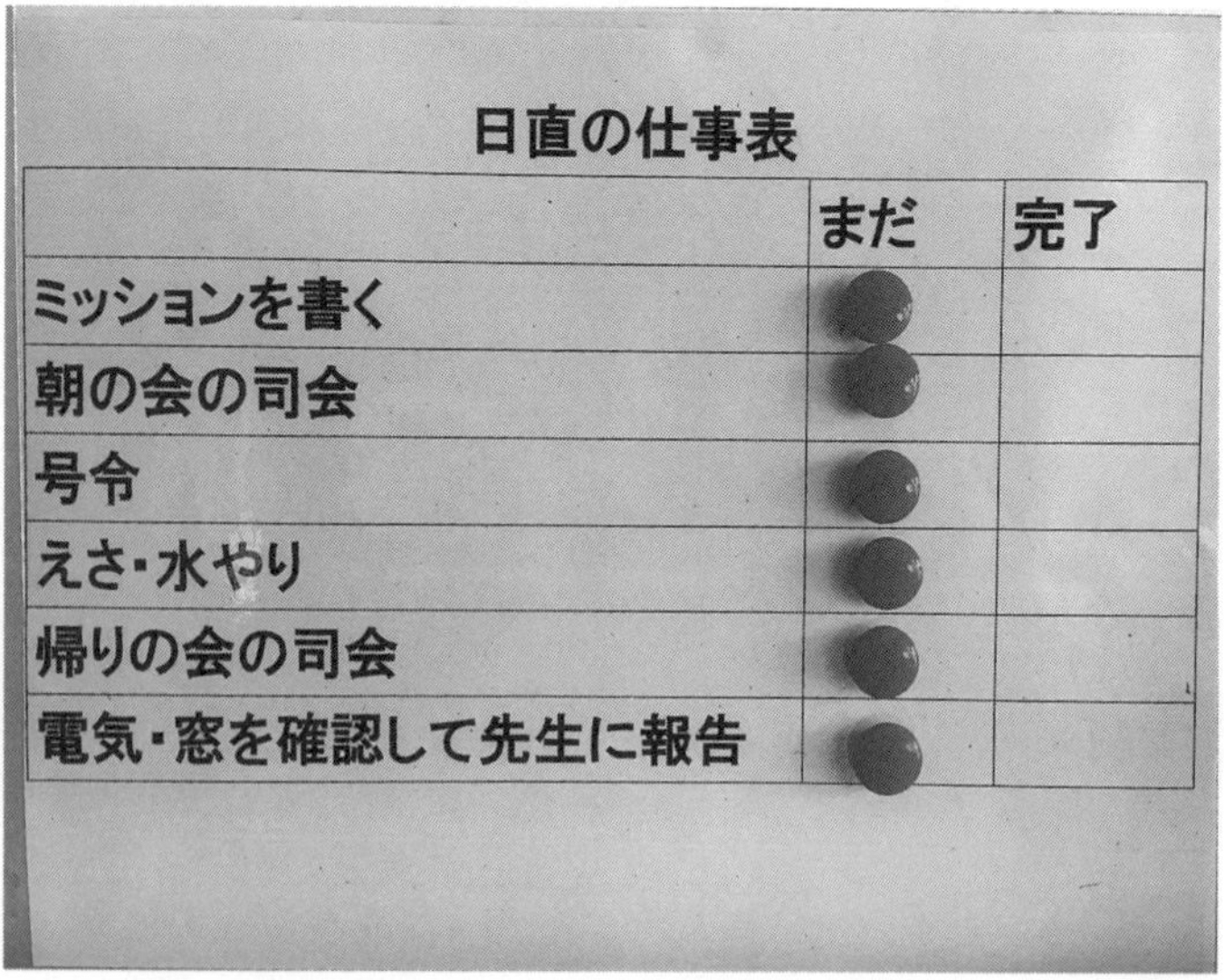

日直マニュアル

１日のリーダーはあなたです。自信をもって進めましょう。

そのためのポイントは次の２つです。

1　先から今を見ること

先の予定を考え，そこから今どうすべきなのかを考えましょう。

2　リーダーとしての自覚をもつこと

１日のリーダーとしての自覚をもちましょう。

困ったら，学級リーダーさん，班長さんたちに協力してもらいます。どうしてもらいたいかをきちんと伝えましょう。

＜１日の流れ＞

○ミッションを書く

前日またはその日の朝に書きます。今日一日みんながどんなことをがんばれば学級目標に近づくのか考えて書きましょう。

○朝の会の司会

台本を見て進めましょう。

○号令

授業の初めと終わりにあいさつをします。

時計を見て，早めに動けるとよいです。

終わりのあいさつの時に，「次の時間は○○なので，△△を準備しておきましょう」と呼びかけます。

○えさ　水やり

昼休みにメダカのえさをやります。スプーンの半分くらいです。

同じく昼休みにツルレイシに水をやります。じょうろに水をいっぱい入れてあげましょう。

○電気・窓を確認して先生に報告

人がいなければ電気を消します。

窓をしめ，かぎをかけます。

先生に「日直の仕事終わりました。」と報告をします。

日直マニュアル

朝の会台本

1.　あいさつ

これから朝の会を始めます。

あいさつ　全員起立《ぜんいんきりつ》。

注目《ちゅうもく》

今日一日学び合う友達にあいさつをします。
おはようございます。
前を向きます。

今日一日お世話《せわ》になる先生にあいさつをします。

おはようございます。

2.　健康観察

健康観察《けんこうかんさつ》です。先生お願いします。

3.　朝の歌

朝の歌です。全員立ちましょう。

4.　みんなから

みんなからです。何か連絡《れんらく》はありませんか?

5.　学級目標

学級目標をみんなで言いましょう。サンハイ。
わたしたちは,「すごく元気で　まいにち仲が良く　いじめのない　ルールを守るクラス」になることを誓います。
そのための今日のミッションは,○○,○○,○○です。

ミッションを達成《たっせい》してよいクラスにしましょう。

6.　先生のお話

先生のお話です。先生お願いします。

朝の会台本

なお、これらも学年の先生にデータをわたしておき、それぞれの先生が使いやすくアレンジできるようにしておきます。

この一日のリーダーの役をやるという経験が子どもを育てます。一日の生活を進めるためには見通しをもたなければなりません。「次は何をやるの？」というお客さんの立場ではいられなくなります。また、リーダーの役を経験することで、リーダーではない時にどのように振る舞えばリーダーが進めやすいのかがわかります。「日直さんが、前に出ているよ。」「日直さんに協力しよう。」と呼びかけること、声には出さなくても日直が進めようとしていることに協力していること、こういう態度がありがたいのだということが実感できます。この経験から、自分が日直でない時に、日直に協力しようという気持ちを育てます。リーダーを育てるということは、同時にフォロワーを育てるということになるのです。

教師はただ黙っているだけでなく、要所要所で指導と評価をします。すると、だいたい一学期の半ば頃から、自分たちだけでできるようになります。もちろん、その後も必要なところでは指導をしなければなりません。

▼自分たちだけでできるように型を示す。

問題が起こらないよう
環境を整える

子どもたちは、環境の影響を大きく受けます。

教室の中に日常的にごみが落ちているようだったら、自分がごみを落としても平気になってしまいます。

教室の中でみんなの提出物が雑に積まれていたり、絵の具などの道具がぐちゃぐちゃにしまわれていたりするようだったら、自分も物を雑に扱うようになってしまいます。

掲示物が破れているのにそのままになっている状況を見続けたら、小さな乱れが気にならなくなってしまいます。

このようなことが、ルールを破ったり、人を傷つけたりというマイナスの言動の土壌になるのです。

そうならないように、まずは教師が率先して教室環境を整える努力をすることが大切です。

ごみが落ちていたらすぐに拾う。

保管されている道具がぐちゃぐちゃになっているようだったらそろえる。

掲示物が剥がれていたらすぐに貼り直す。

教師が率先してこのようなことをします。

そして、子どもたちが帰った後、サッとほうきで掃き、机を整頓します。

こういうことを続けていると、ちょっとした乱れにすぐに気付くことができるようになります。

このように教師が教室環境を整える努力をするのと同時に、子どもたちがきれいな環境を維持しやすくなるような工夫をすることも大事です。

例えば、掃除道具をしまう掃除ロッカーには、道具と道具をかけるフックにカラーシールを貼って、どこにどの道具をかけるのか、道具の住所を決めてしまいます。すると、一年間きれいなままになります。

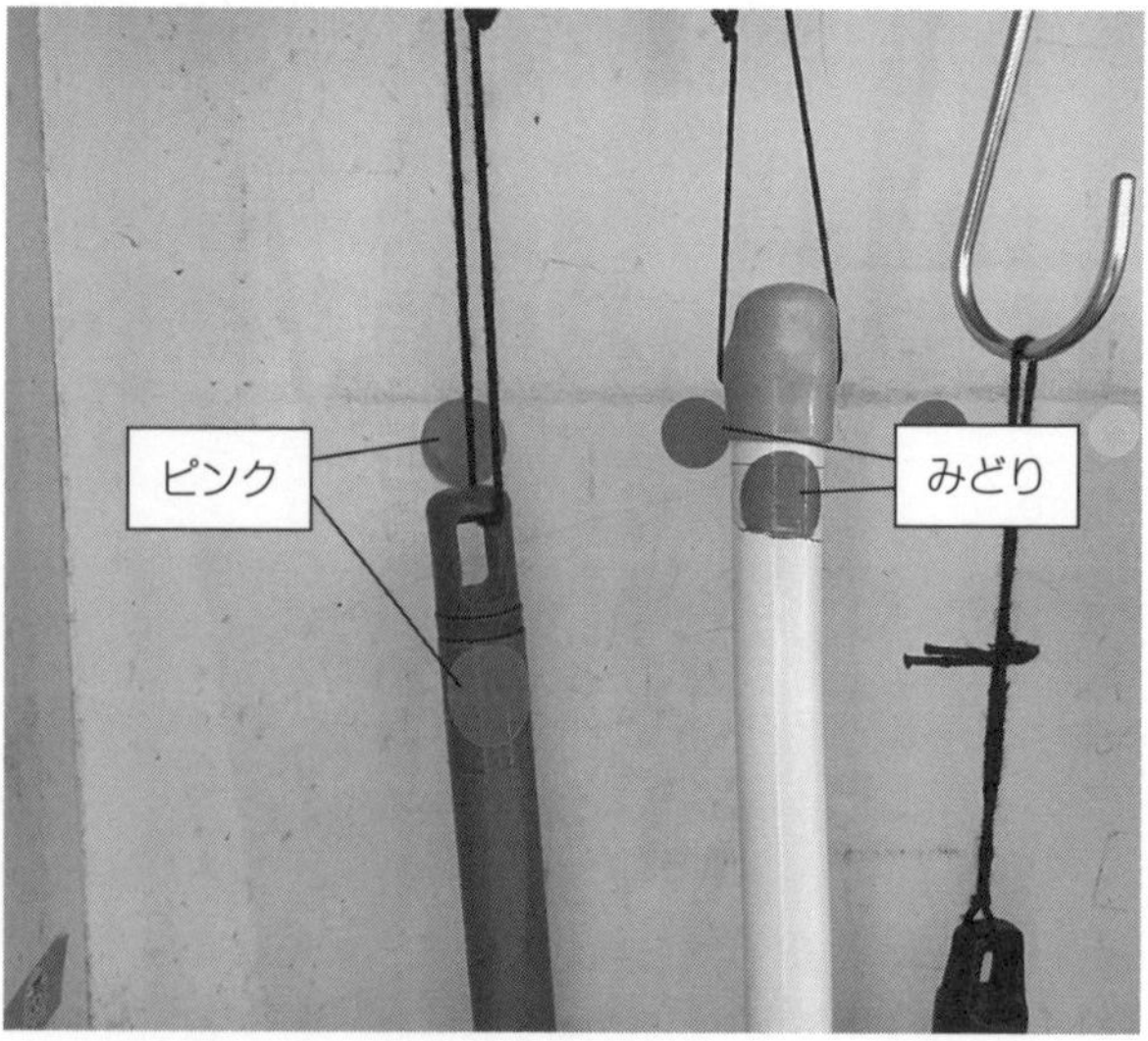

道具と道具をかけるフックにカラーシールを貼る

子どもたちの持ち物もぐちゃぐちゃにならないように、整理して収納できる場所をつくります。一人に一つケースを準備して、資料集やファイルなど学校に置いて帰る教材を入れておきます。

子どもたちの持ち物が整理整頓されていないと、物隠しなどのトラブルがあってもわからなくなってしまいます。

教師の持ち物もそうです。不要なものは持ち帰ったり、処分したりしましょう。

また、不要なものは持ってこさせないようにします。学級独自のルールではなく、学校のルールに基づいて、持ち物については年度当初にきちんと指導する必要があります。学校としてのルールがな

一人に一つ、整理用ケースを準備

い場合には、少なくとも学年で共通のルールをつくり、子どもたちと保護者に知らせる必要があります。

問題を未然に防ぐには、このように環境を整えることが大切です。

物の環境だけでなく、言語環境も整えます。

「きもい」「うざい」などの言葉が普通に使われているような教室では、人を不快にさせる言葉、人を傷つける言葉が平気で飛び交うようになります。

それが日常になってしまうと、教師も子どもたちも言葉に対する感覚が麻痺してしまいます。

うざいってなんだよ！
余計なこと言ってくるからだろ！

言語環境を整えないと……

やがてそれがトラブルに発展していきます。

友達同士の呼び方で、本人たちは「それでよい」と言っていても、「先生が〇〇さんの親だったら、自分の子がそういう風に呼ばれていたら悲しい気持ちになるよ。」などと話し、指導します。こういうことは、途中からでは指導が入りづらいので、はじめに指導する必要があります。

社会科の授業名人・有田和正先生が始めたとされる、プリント配りの時に「どうぞ。」「ありがとう。」と言うことを指導する実践のように、よい言葉が日常的に使われるように指導していきます。

言語環境にも敏感になりましょう。

▼小さなところからクラスは崩れていく。環境を整え、防ぐ。

事前指導と評価が肝と心得る

〈事前指導〉

学校教育で行っていることには、すべて意味があります。それらが、大切だから行っているのです。

しかし、子どもたちはその意味を知りません。何のためにやっているのか。どんな価値があるのか。普通はそれを考えようとはしません。考える機会が与えられていないからです。

だから子どもたちは、簡単にきまりを破るし、手を抜くのです。

活動前に、ていねいに事前指導をして、心構えをもたせてから活動させます。すると、子どもたちの活動の質が変わってきます。

事前に行うことがポイントです。まず活動をさせて、「あれがだめ。これがだめ。」と言う「後出しじゃんけん」のような指導をしていては、子どもは伸びません。

ここで注意が必要です。それは、子どもが考えればわかるようなことを教師が一方的に教え込むというのは避けた方がよいということです。わかっていることを一々、長々と言われていたら、「うるさいな」と思ってしまいます。

子どもの口で言わせることが重要です。

そのために、教師が問い、子どもたちが自分の頭で考えるようにさせることを基本とするのです。

事前指導の問いには次の基本5型があります。

❶why型…「なぜ～をするのですか。」「何のために～をするのですか。」
❷get型…「どんな力をつけることができますか。」「どんなよいことがありますか。」
❸caution型…「予想される問題点は何ですか。」「注意すべきことは何ですか。」「心配なことはありませんか。」
❹how型…「どのようにすればよいですか。」
❺AorB型…「AとBではどちらがよいですか。」

これらは単独で使うこともでき、組み合わせて使うこともできます。

例えば、朝の会の歌を歌う場面で考えてみます。

まず、why型指導で「何のために朝の会で歌を歌うのですか。」と問います。

すると子どもたちからは、「朝から元気になるため」「歌が上手になるため」などと答えが返ってきます。子どもからの答えで不足がある場合は教師が補います。「歌詞を味わい、心をきれいにするため」などと話します。

次に、how型の指導で「では、どのように歌えばよいですか。」と問います。すると、子どもたちからは、「心を込めて歌う」「歌詞の意味を考えながら歌う」「しっかりと口を開けて声を響かせて歌う」などの答えが返ってきます。

何も事前指導をしないで歌う時と比べ、子どもたちの歌い方は大きく変わるはずです。

このような指導をしてから活動をさせると、子どもたちは一つ一つの活動を一生懸命にやろうとします。

〈評価〉

活動後にはきちんと評価をします。子どもたちのがんばっている姿をきちんと見ておいて、褒めてフィードバックをします。それがやる気につながっていくのです。

先ほどの朝の会で歌を歌う場面でいえば、子どもたちが歌っているところを教師は回って歩き、肩をポンと触っていきます。歌が終わった後、「歌っている時に先生に肩をポンとされた人は手を上げましょう。その人たちは口を大きく開けて歌っていた人たちです。

すばらしいです。」などと褒めます。

そして、教師からの評価だけでなく、子ども同士でも評価をできるようにします。「今の活動を振り返って、友達の見習いたいところはありませんか。」と問い、子ども同士で褒め合う状況をつくります。

このように、教師からの評価、友達からの評価も大事なのですが、最も大事なのは、自己評価です。

例えば次のような評価の仕方があります。これは、群馬県の深澤久先生の指導を参考にしています。一度、有名な実践家である深澤先生の学級を参観させていただきましたが、伸び伸びとした中にも規律のあるすばらしい学級でした。

活動の後、「今の自分に点数をつけます。」と点数をつけさせます。3点満点で点数をつけさせるのが基本です。完璧だったら3点、何か足りないところがあったら2点、足りないところがたくさんあったら1点、今の時間が無駄だったと感じるほどだったら0点で点数をつけさせます。そして、子どもに点数を発表させます。

3点の子は本当によくがんばっていたか、自己評価が甘いだけの子となります。0点をつける子はほとんどいません。

ここでは、2点や1点をつけた子に、その点数にした理由を踏み込んで聞きます。点数を引いたということは、その子の中にきちんと評価基準があるということです。そして、何か足りないことが自覚できたからこそ点数を引いたのです。だから、こういう子に理由を言わせるのです。

「〜だから1点引きました。」と言うことになります。点数を引いた子みんなに言わせると、教師が言いたいことはだいたい子どもたち自身が発言することになります。3点をつけた子も、点数をつけた時点では気付いていなかった自分のだめだったところに気付くことになります。教師から「〜がだめでした。」と言われるよりも、自分の口で言った方が効果は大きいです。また、「自分でわかっていて立派ですね。きっと次にそこを改善できるね。」と褒めて終わることができます。

このように事前指導と評価をていねいに積み重ねていきます。

▼事前指導と評価では、大事なことは子どもの口で言わせる。

どんな集団にしたいのかを子どもたち自身に考えさせる

「こんな集団を目指していこう」

この思いが学級できちんと共有されていれば、子どもたちはそうそう悪いことをしようとはしません。それが、誰かから与えられたものではなく、自分たちで決めたという意識が強くあれば、その効果は大きなものになります。


〈学級目標〉


「こんなクラスにしたい」

そんなみんなの願いを学級目標という形にします。

私は学級目標を次の手順で子どもたちと一緒につくっています。

まずは、教師がこんなクラスにしたいと

みんなの願いで創る学級目標

いう思いを語ります。

次に、子どもたちがそれぞれ考えます。考えたものを一人一つ「○○なクラス」という形で紙に書きます。

そして、書いたものを黒板に貼っていって、同じものや似たものをまとめていき、いくつかのグループに分けます。

最後に、グループ分けしたものを見て、それらをすべて含むような言葉にまとめたり、アクロスティックにまとめたりします。

私がこれまでに担任したクラスでは、次のような学級目標ができました。

「伝説に残るクラス～笑顔、あこがれ、絆、けじめ～」

「いちばん明るくて　ちいさないじめも許さない　くらす全員心がつながっている　みんなのお手本になるクラス」(「いちくみ」のアクロスティック)

「明るく　仲良く　全力で」

学級目標は決めて終わりではなく、目立つところに掲示したり、意識できるように毎朝の会の時にみんなで声を合わせて言うようにしたりします。

さらに、学級目標に基づいた具体的な行動目標を決めておくとよいです。

学級目標はみんなの願いを合わせたものなので、言葉が抽象的です。今日一日具体的に何をすればよいのかがわかりづらいです。

具体的な行動目標は、日直が「今日のめあて」として決めてもよいです。班長会などの組織で決めてもよいです。

私は「ミッション」という方法で具体的な行動目標を決め、実行できるようにしています。

〈ミッション〉

学級目標を達成するために必要な具体的な行動目標を短冊に書いて提示します。

例えば、「一日に3回人に親切なことをしよう」「20人以上の人に笑顔であいさつをしよう」「次の授業の準備をしてから休み時間にしよう」などです。

内容は達成できたかどうかがわかるようなものがよいです。

朝の会でミッションを確認したら、帰りの会でミッションができたかどうかを挙手で確認します。

全員が手を挙げて達成できていたら短冊にシールを2枚貼ります。90%の子ができていたらシールを1枚貼ります。

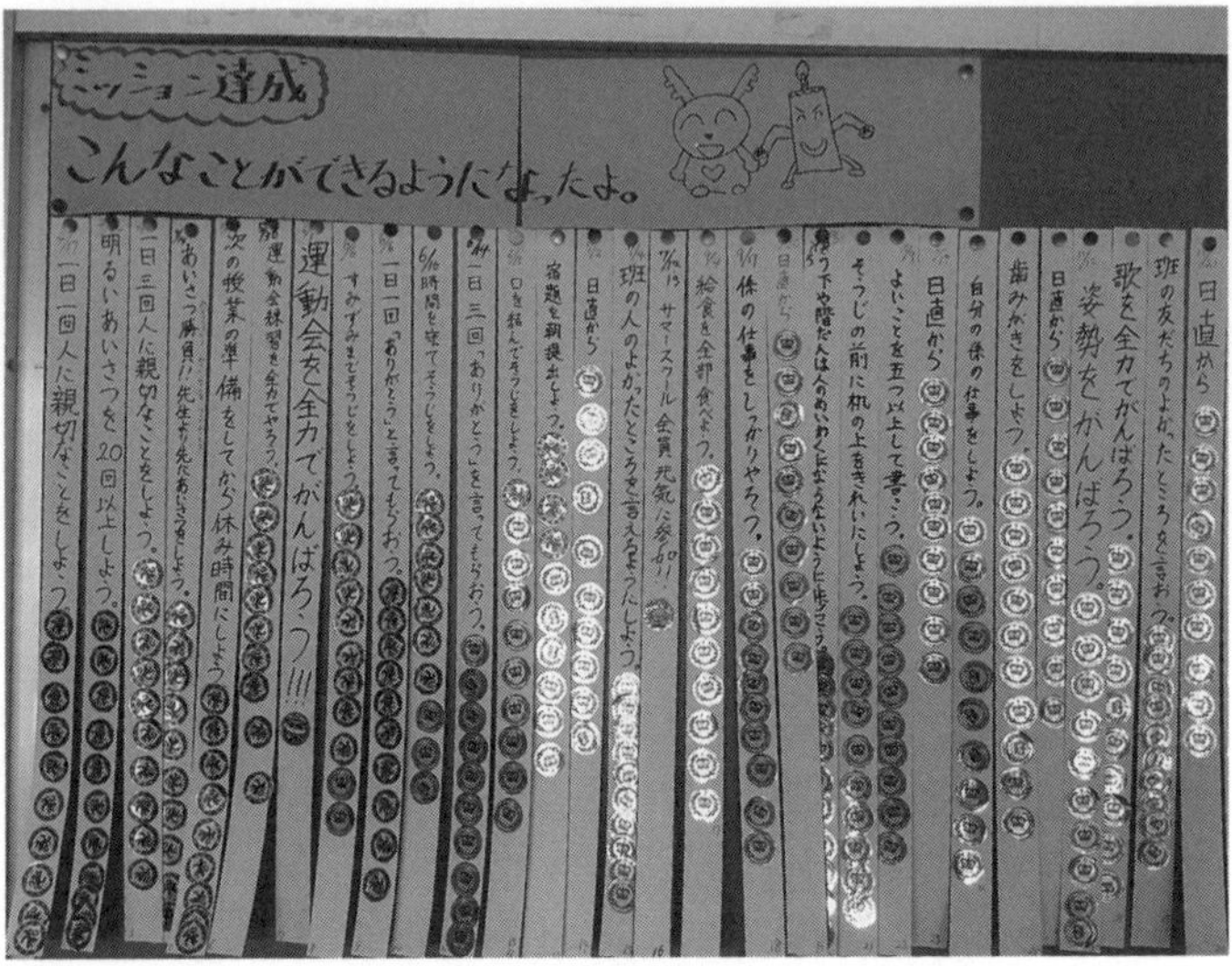

「ミッション」行動目標を短冊に書いて提示する。

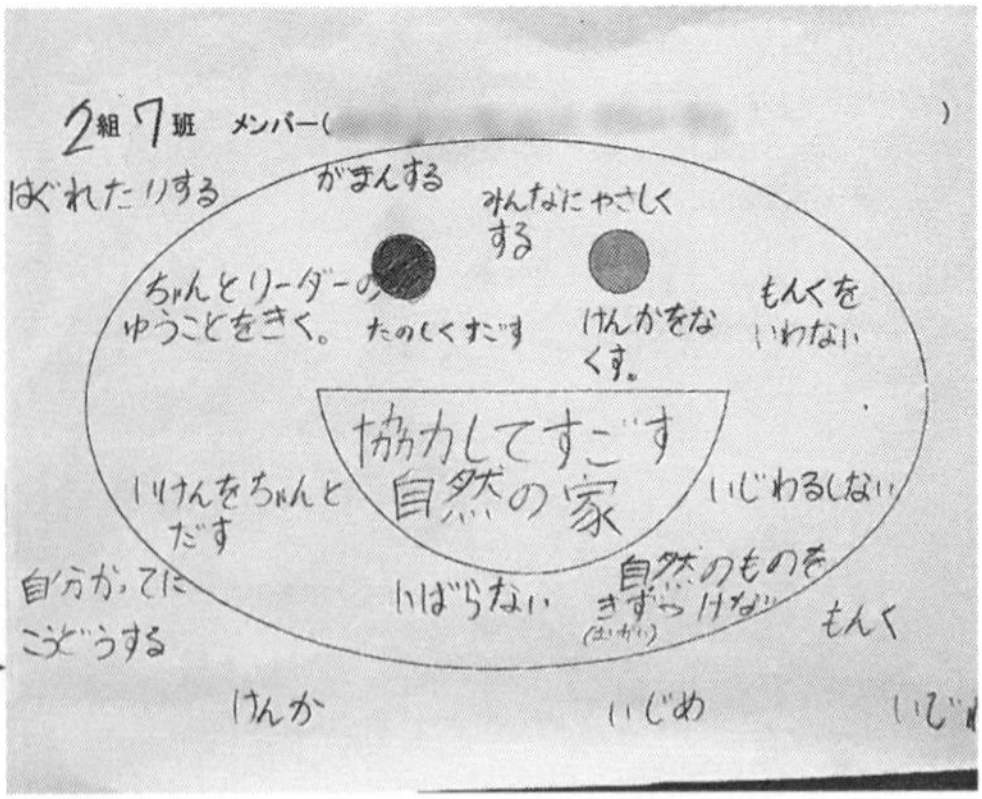

を話し合い，それから学年全体の目標を作成する。

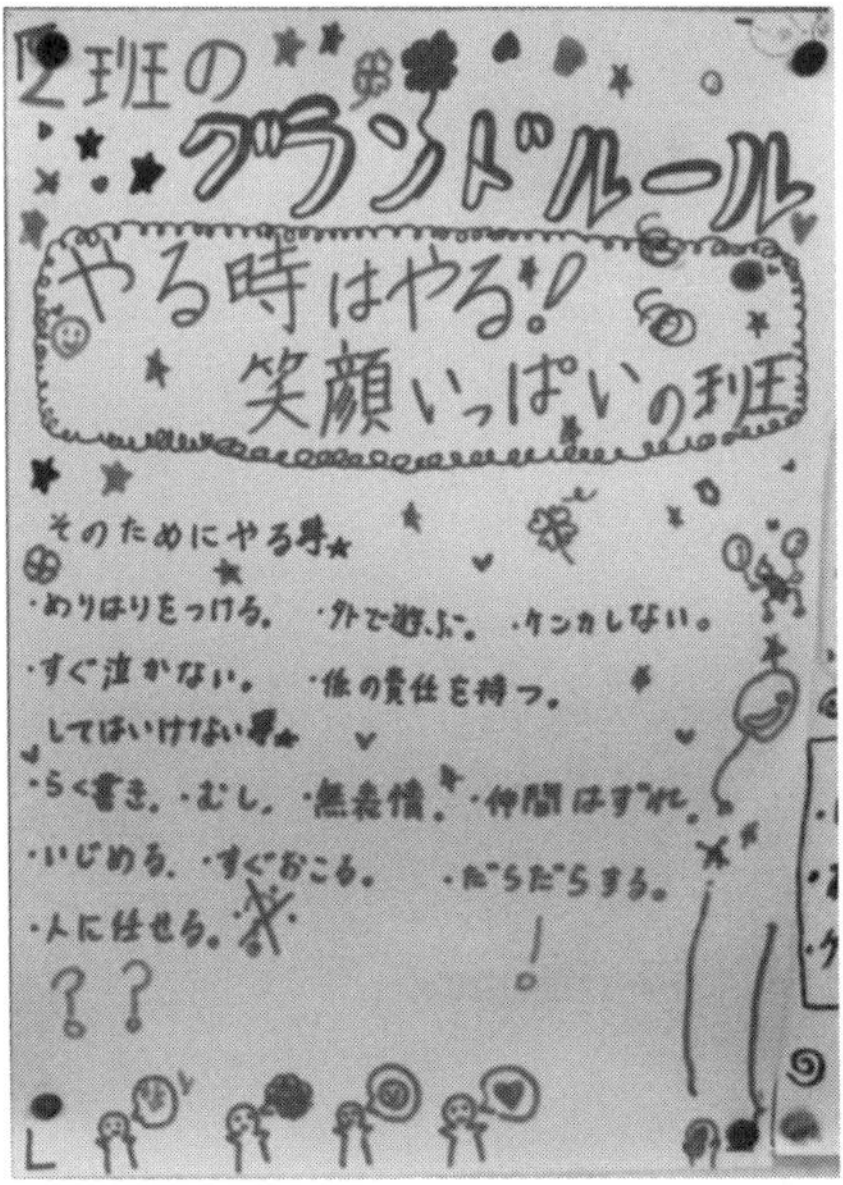

「班のグランドルール」
各班の願いを共有し，可視化する。

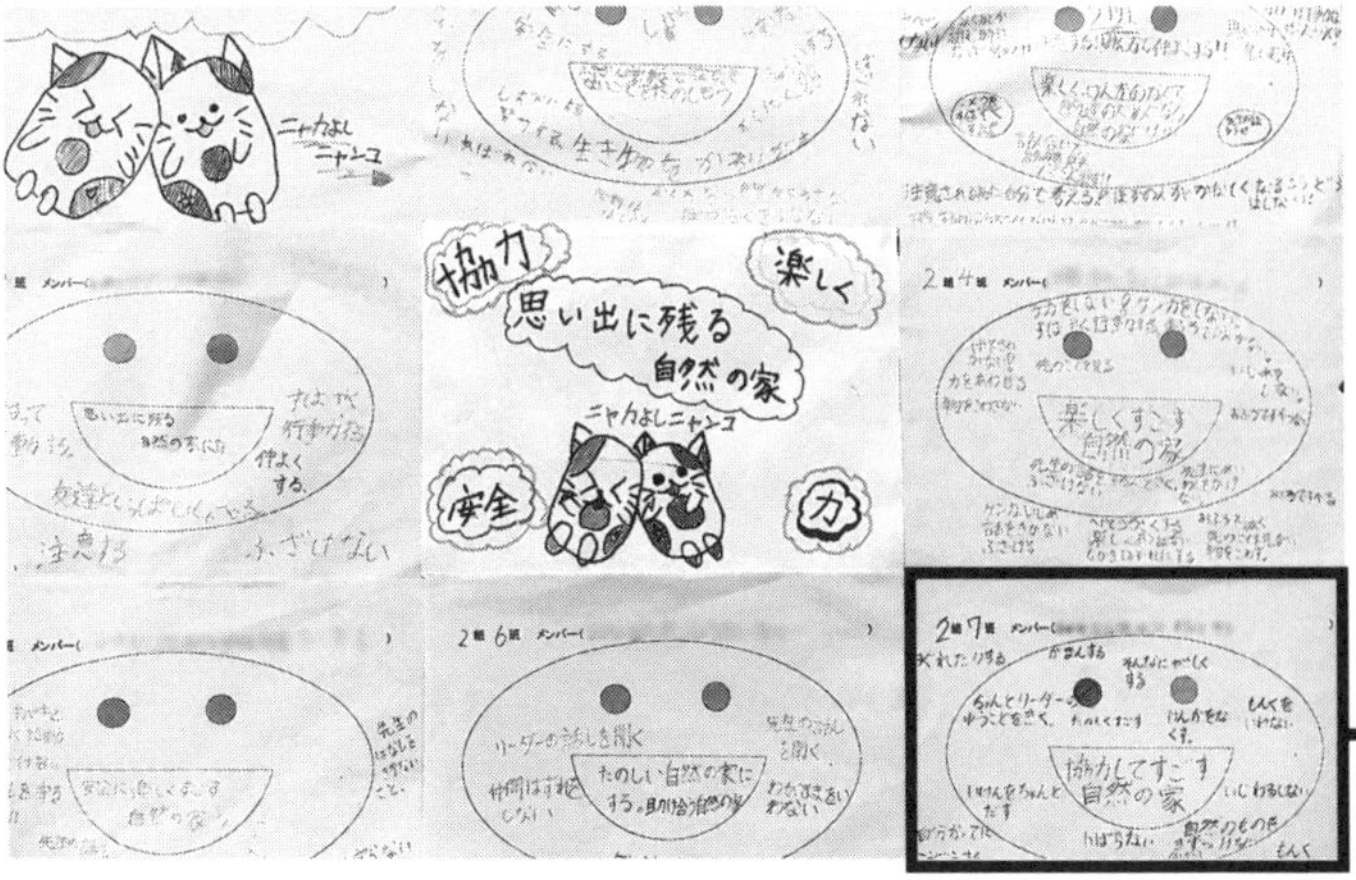

班ごとに，「班のグランドルール」のようにどんな行事にしたいのか

一つのミッションにシールを10枚貼ることができたら、そのミッションはクリアです。

クリアしたミッションは「できるようになった」コーナーに移動して掲示します。

ミッションが10こクリアできたら、クラスが学級目標に近付いたお祝いにお楽しみ会を開きます。

〈班のグランドルール〉

席替えをして、新しい班の生活をスタートさせるタイミングで班のグランドルールを決めます。

次の三つのことを話し合って決め、ポスターにします。

「どんな班にしたいか」

「そのためにすること、増やすこと」

「そのためにしないこと、減らすこと」

学習や生活の基本単位となる班の中で、願いを共有し、可視化します。

このようなことは暗黙の了解にするのではなく、きちんと話し合って書いておくことが大事です。

なお、グランドルールを決める前には、5分か10分程度でできるゲームで明るい雰囲気をつくってから、行うとよいです。

横浜市の山田将由先生に教えていただきました。

〈行事〉

宿泊学習などの大きな行事でも、どんな行事にしたいのかを自分たちで決めさせます。これはクラスだけでなく、学年全体でやると効果的です。

班ごとに「班のグランドルール」のようにどんな行事にしたいのかを話し合い、それらから学年全体の目標を決めます。

▼どんな集団にしたいのか？　答えは子どもたちの中にある。それを引き出す。

子どもが
自分たちの力で
解決できる仕組み
をつくる

四年二組のある日のクラス会議の議題は、「どうすれば休み時間に走り回ったり暴れたりしなくなるだろうか」でした。議題の提案理由は「休み時間に走り回っている人がぶつかってきて痛い思いをした。掲示物が破れてしまったこともあるから、こういうことがなくなるように話し合って解決したい。」というものでした。

この時のクラス会議で選ばれた解決策は「休み時間は遊ぶ時間ではなくて、水飲みやトイレ休憩、次の授業の準備をする時間という意識をもつ」でした。

このような内容は、これまでの担任の先生方から指導されてきたことです。私には、これで解決するとは思えませんでした。

ところが……。

なんと解決してしまったのです。これまで走り回っていた子どもたちが走らなくなりました。これまで教師から何度も言われ続けてきてできなかったことができたのです。自分たちで話し合い、決めたからこそ、それを守ろうとしたのです。

私はこれには驚きました。

魔法のようなことが本当に起こったのです。

これは、数年前の私のクラスで実際にあったことです。

自分たちの生活の中に課題を見つける。
←
それを議題として取り上げ、どうすれば解決できるかを話し合う。
←
自分たちで決めた解決策を使って解決に向けて行動する。
←
振り返る。
←
新たな課題を見つける。

このようなサイクルを回します。

教師からの「これがだめ！」「あれがだめ！」「こんなことをしよう！」「あんなことをしよう！」という話を一方的に聞くのではなく、自分たちの力で問題を解決して前に進んでいける学級集団を目指します。

私はそのために、「クラス会議」という取り組みをしています。

クラス会議とは、学級で起こる様々な問題について、話し合って解決しようとする活動です。決まった形があるわけではなく、実践者によっていろいろな形があるようです。

ここで紹介するのはあくまで私のやり方です。これが正解というわけではありません。上越教育大学の赤坂真二先生に教えていただいたものが元になっています。


〈クラス会議の進め方〉

1椅子だけで円づくり

これが大事なアクティビティです。友達

椅子だけで円をつくってクラス会議

が机を運ぶのを手伝っている子や輪に入れない子がいる時に場所を空けて入れてあげている子の姿を取り上げ褒めます。子ども同士でもよい行動をしていた子を発表させるようにします。円をつくるというのは、「みんなが平等で大切だ」という意味を込めています。

2「いい気分になったこと　感謝したいこと　褒めたいこと」を輪番で発表

やってみるとわかりますが、この活動をするとあたたかい雰囲気になります。

3前回の解決策の振り返り

前回の解決策はうまくいっているかどうかを話し合います。

4議題の提案

議題箱に入っている議題提案用紙から日付の古い順に議題として取り上げます。

5話し合い

出し合い　意見をどんどん出し合います。この段階では○×をつけないでどんどん意見を出します。

比べ合い　出された意見に対して質問をしたり、賛成や反対意見を言ったりします。

決定　　　話し合いを元に決定します。最終的には多数決で決めます。

6決まったことの発表

7感想

クラス会議は週に1回程度行います。

クラス会議を実践するなら、赤坂真二著『赤坂版「クラス会議」完全マニュアル　人とつながって生きる子どもを育てる』（ほんの森出版）を読むことをおすすめします。

▼子どもの力を信じて、自分たちの力で解決する仕組みをつくる。

子どもの情報を得るためにはあらゆる努力をする

数年前、2年生を担任していた時のことです。Aくんのお母さんから放課後に電話がありました。「ある友達から嫌な呼び方をされて困っている」ということをAくんが家でお母さんに涙ながらに話してきたということでした。嫌な呼び方とはAくんの容姿に関係する「○○」という言葉でした。私はそのことにまったく気付いていませんでした。

翌日、生活科で校庭の生き物を観察している時のことです。

「○○」「○○」「○○」。

Aくんを呼ぶ嫌な呼び方だと言っていたその言葉が耳に入ってきました。それも、いろいろな子の口から何回も聞こえてきました。

調べてみると、クラスのたくさんの子がAくんのことをその嫌な呼び方で呼んでいることがわかりました。それも前の学年から続いていたのです。Aくんは「やめて」と言っていたのに、みんなはおもしろがってやめなかったということでした。

すぐに指導して、それをやめさせることはできました。しかし、それまでそのことにまったく気付かなかった自分の鈍感さに腹が立ち、申し訳ない気持ちになりました。

それでも、言っていた子を特定し、指導してやめさせることができたのは、「○○」と呼ばれているという情報を得ていたからです。この情報があったからこそ、耳に入ってきた「〇〇」という言葉をキャッチすることができたのです。きっとそれまでにも「〇〇」という言葉は教室で普通に使われていたはずです。しかし、それがAくんに対する嫌がらせの言葉だと私が思っていなかったがために、キャッチすることができなかったのです。情報は必要です。情報を得るためにあらゆる努力をします。

〈作文〉

「実はわたし〇〇なんです。」という題名で子どもに作文を書いてもらいます。すると、子どもたちはいろいろなことを書いてくれます。「学校ではおとなしいけど、家ではすごくうるさいです。」「習い事の〇〇でこんなことがありました。」「△△くんと両想いなんです。」などといろいろなことを教えてくれます。

〈面談〉

保護者とは個人面談をする時間が設定されています。しかし、子どもとは個別に面談をする時間は設定されていないことが多いです。

問題が起こってから面談をするのではなく、普段から学期に一度程度の頻度で面談をすることをおすすめします。実は、こちらが全然気が付いていないことで悩んでいるということがよくあります。

〈学級通信〉

保護者に「お子さんのことを教えてください」アンケートを配ります。保護者は我が子のことをいろいろと書いてくださいます。子どものことを知る上で貴重な情報となります。なお、この実践は今の勤務校で周りの先生方におすすめしたところ、この翌年から全校で行うことになりました。

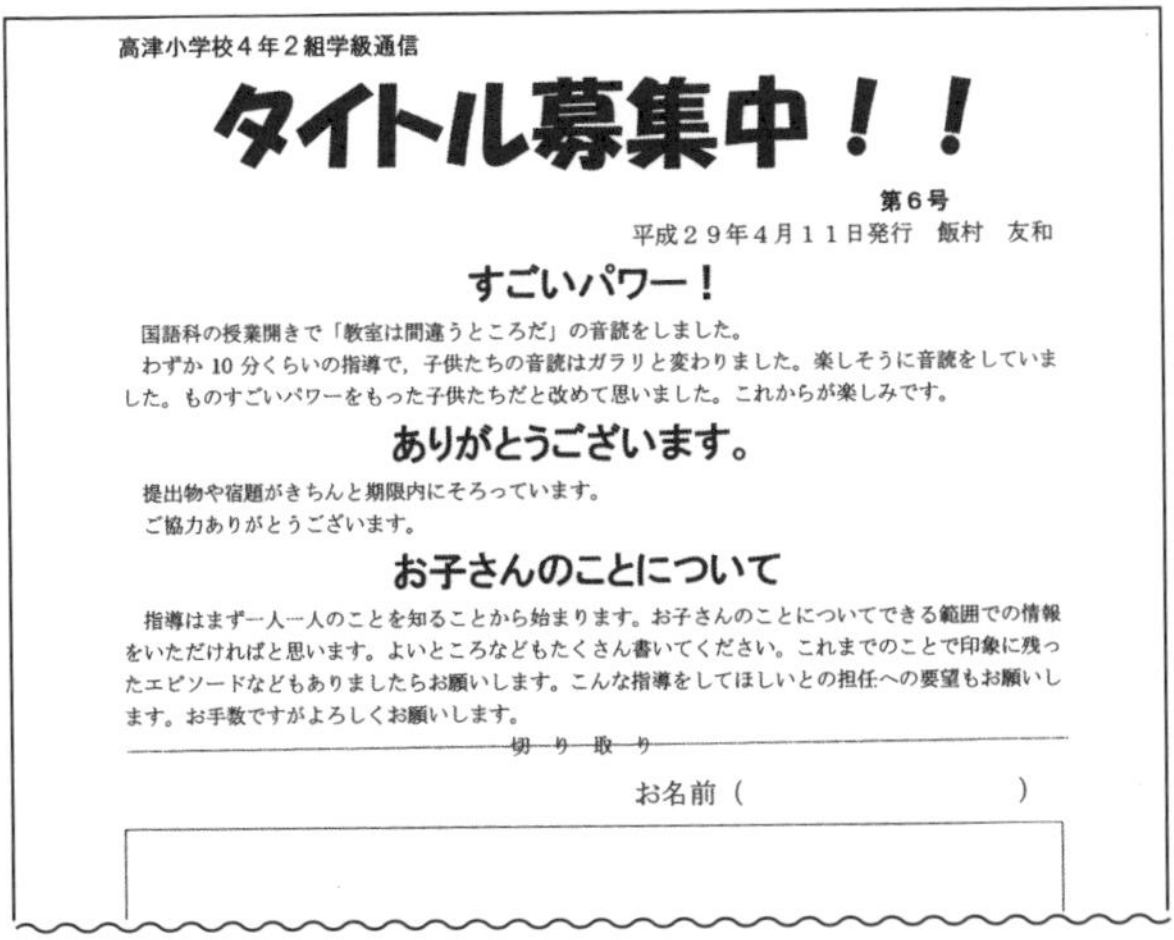
高津小学校４年２組学級通信

タイトル募集中！！

第６号
平成２９年４月１１日発行　飯村　友和

すごいパワー！

国語科の授業開きで「教室は間違うところだ」の音読をしました。
わずか 10 分くらいの指導で，子供たちの音読はガラリと変わりました。楽しそうに音読をしていました。ものすごいパワーをもった子供たちだと改めて思いました。これからが楽しみです。

ありがとうございます。

提出物や宿題がきちんと期限内にそろっています。
ご協力ありがとうございます。

お子さんのことについて

指導はまず一人一人のことを知ることから始まります。お子さんのことについてできる範囲での情報をいただければと思います。よいところなどもたくさん書いてください。これまでのことで印象に残ったエピソードなどもありましたらお願いします。こんな指導をしてほしいとの担任への要望もお願いします。お手数ですがよろしくお願いします。

切り取り

お名前（　　　　　　　　　　）

保護者から子どもの情報を寄せてもらう

▼問題に早期に気付くために、情報を得る手段を複数もっておく。

クラスを崩さないためにまず、教師が崩れない

6月、11月、2月は学級が崩れやすいといわれます。

原因はいろいろあります。

その中で最も大きな原因は何かと問われれば、私は「教師が崩れていることが原因である」と答えます。学級が崩れる、子どもが崩れるといわれますが、その前に教師が崩れているのです。

教師が崩れるということを言い換えると、教師が言っていることとやっていることを一致させなくなるということです。

各学期のスタートは、教師も張り切っています。授業に工夫を凝らしたり、提出物のチェックをていねいに行ったり、子どもたちとよく遊んだり。そして、子どもたちの様子をよく見て、トラブルの元になるものがあればすぐに対応します。学年の先生ともていねいに連絡を取り合います。

これが中盤に差し掛かってくると、子どもたちの様子もわかってきて、学習も軌道に乗ってきます。そして学期末の成績処理のことも考え始めるようになります。

そんな時、教師は当初やっていたていねいさを忘れてしまいます。

「この辺で少しシメておくか……」などと言う前に、まずは自分自身がしていることを見直すことが大事です。

原因を子どもに求めるのではなく、まずは自分自身に求めるのです。


言っていることとやっていることが違っていないか。

例えば「時間を守りましょう。」と言っている教師が授業の終了時刻を守っているか。

例えば「たくさんの人と仲良くなりましょう。」と言っている教師が、子ども全員に毎日話しかけているか。年下の学年の先生に対して横柄な態度をとっていないか。

例えば「ていねいにやることは大切です。」と言っている教師が板書を雑に書くようになっていないか。子どもたちのノートの文字が雑でもスルーしていないか。


まずは自分自身が崩れていないか、そこに目を向けることが大切です。

しかしなかなかそれに気付けないのです。

教室の中には、大人は自分一人だけです。ましてや学年主任ともなると、多くの場合自分より経験年数の少ない先生方と学年を組むことになるのです。

間違っていても、そして文句を言いたくても、言えないということが多くありそうです。

傲慢になるのにこれほど適した環境はないのです。

私はそんな思いがあって、毎日の自分自身の振り返りを書くようにしました。うまくいったこととうまくいかなかったことと、その原因をノートに書くのです。

書いてみると、自分のだめさ加減に気付かされます。

書いてみると､うまくいっていないことは100%自分の責任だということがわかります。

子どもが不適切な行動をする時には、私の指導がそれを誘発しているケースがかなりありました。私自身が崩れていたのです。子どもへの思いやりが不足していたのです。また、学年の先生方に対して、ていねいに話していなかったがために、学年の先生方の動きが悪かったのです。

書いてみることで、客観的に自分の指導を見つめ直すことができます。ここがだめだったからうまくいかなかったのだとわかります。

子どもや先生方を悪者にしないで済みます。

少しずつですが、自分自身が成長することができます。

▼書いて自分のことを客観的に見ることで、教師が崩れないようにする。

先手必勝の生徒指導を何より大切にする

問題が起こる前に、子どもたちの心に響く言葉で指導しておきます。

そうしておけば、問題を未然に防ぐことができます。

そして、いざ問題が起きた時には、子どもたちは「あ、あのことか」と思い、対処することができるのです。すると、問題が大きくならずに済むのです。

〈いのち・いじめ・けじめ〉

「先生は、これをすると厳しく叱ります。逆に、これをやらなければ、それほど厳しく叱られることはありません。」

厳しく叱る基準をわかりやすい言葉で示して掲示しておきます。

この話は年度はじめにすると効果的です。次のように話します。

> 基本的に飯村先生は明るくて優しい先生だと言ってもらえます。でも、めちゃくちゃ怖くなる時があります。それは次の三つだけです。
> 一つ目は「いのち」に関わることです。友達の首をしめてしまう。勝手にベランダに出て手すりによりかかる。そんなことを見つけた時には、「やめなさい」(迫力をもって

叱る演技をする）と叱ります。たった一つしかない命を守るためです。

二つ目は、「いじめ」に関わることです。誰か一人の人を苦しめて、周りの人たちは楽しんでいる。見て見ぬふりをする。これは人として卑怯なことです。いじめをされている人がどれだけ苦しんでいるか、それを考えないでいじめをする、見て見ぬふりをするようなことがあった時には、厳しく叱ります。

三つ目は、「けじめ」に関わることです。学校はみんなが成長するために来ているところです。先生もみんなが成長するために真剣に教えています。間違っていることを直しなさいと言うこともあります。それはあなたのためです。それなのに、何度注意されても改める態度を見せない時には厳しく叱ります。改めて成長してほしいからです。そして、真剣にやっている友達を冷やかしたり馬鹿にしたりして足を引っ張るようなことをするのもけじめがついていないので厳しく叱ります。

最初に言ったように飯村先生は基本的には明るくて優しいと言われます。この三つ、「いのち・いじめ・けじめ」、これが守られていれば、一年間ずっとにこにこしていると思います。

〈悪口の郵便屋さん〉

子どもたちの間で、陰で悪口を言い合うという問題は必ず起こります。

「○○さんが、あなたのことをうざいって言っていたよ。」

子どもたちの会話でこのようなことがよくあります。

人から伝え聞いた悪口をわざわざ本人に伝えるのです。しかも、それが悪いことだという認識が本人にはなく、その人のことを思って善意で伝えているのです。自分がわざわざ伝えなければ、傷つけずに済んだということがわかっていないのです。

さらに、善意を装い、周りが傷ついたり、仲違いをしたりするのを見て快楽を得ていることもあります。

こういう問題はよくあります。

そのため、問題が起こる前に全体に次のような話をします。

「○○さんがあなたの悪口を言っていたよ。」と伝えることを「悪口の郵便屋さん」といいます。元々は自分が言ったことではなくても、自分がその悪口を配達することで、結果的に相手を傷つけていることになるからです。本当に相手のことを思うのなら、悪口は配達しないで、自分のところで処分しておくのです。自分の中にしまっておけばよいのです。自分の胸の中にしまいきれない時は、先生やおうちの人に相談してください。悪口の郵便屋さんになってはいけません。また、あなたが配達される側になった時、つまり「〇〇さんがあなたの悪口を言っていたよ。」と言われた時に、その言葉をそのまま信じてもいけません。それは、本人が本当にそれを言っていたかどうかわからないからです。あなたと〇〇さんをけんかさせたくて、そのようにありもしない話をつくりあげて言う人もいるからです。そんな言葉にだまされて友達を失うようなことをしてはいけません。悪口の郵便物は受け取る必要もありません。

悪口の郵便屋さんにならないこと、そして悪口の郵便物が届いた時は受け取らないこと、それを指導します。

〈心の矢印〉

「だって、〇〇さんが~してきたから。」

けんかやトラブルがあったり、何かうまくいかないことがあったりした時に、子どもはその原因を自分の外側に求めがちです。原因を自分の外側に求めて、周りに文句を言っていれば楽ですが、そこに成長はありません。

原因を自分の内側に求める習慣をつけて、成長につなげてほしいものです。

そのために、次のような話をします。

人の心には矢印があります。心の矢印がどこを向いているかによって、その人が成長できるかどうかが決まります。心の矢印が外側を向いていると、うまくいかない原因をいつも他に求めます。友達が悪いから、先生が悪いから、天気が悪いから……。自分は悪くないので、改善する必要はなく、楽です。しかし、ここには成長はありません。同じような問題が起こっても、同じように他者を責めて終わりです。結果として、同じような問題が繰り返されることになります。

一方、心の矢印が内側を向いていると、うまくいかない原因を自分の中に求めます。「自分のここが足りなかったからうまくいかなかったのだ。」と。自分を改善しようとするので、苦しいけれどその分成長することができます。同じような問題が起きた時には、成長した自分になっているので、今度は解決することができるかもしれません。そして、そもそも問題の原因となる行動をしなくなっているので、問題そのものが起こらないかもしれません。

全体でこの「心の矢印」の話をした後、トラブルが起きた際、個別に「今、心の矢印がどこを向いているかな?」と問います。

この言葉によって、自分にも原因があったことに気付かせることができます。トラブル直後で聞き入れてくれない時には「今は心がカッカしているから心の矢印が外を向いていても仕方がないね。でもね、落ち着いたら心の矢印を自分にも向けて考えてみてね。○○さんにはそれができるよ。」と話します。

〈君たちの先輩で……〉

「君たちの先輩でね、こういう失敗をしてしまった人がいるんだよ。」

これから起こりそうな問題を「君たちの先輩でね、こういう失敗をしてしまった人がいるんだよ。それはね……。」と話しておくことで、失敗を避けさせる事前指導を行うことができます。

子どもに届く言葉、話を教師はたくさんもっておく必要があります。次の2冊の本をおすすめします。

多賀一郎編　チーム・ロケットスタート著『教師の言葉でクラスづくり　子どもにしみこむいいお話』『教師の言葉でクラスづくり　クラスを育てるいいお話』（明治図書）

子どものためと思って話している教師の言葉でも、子どもに届いていないことが多くあります。どんな言葉を使うか、どんな話をするかも大事ですが、どのように話すかということも大事です。話す力を磨く努力をしましょう。

そして、誰が話しているのかということはもっと大事です。その子にとって「この先生の言うことならば」と思ってもらえる先生になることを目指しましょう。

▼先に教えることで避けられる問題はある。

それでも
問題は起こる
ものだと
心にとめておく

ここまで、問題を未然に防ぐためのいろいろな方法を紹介してきました。

しかし、一番大切なのは、教師が「子ども同士では必ず問題が起きるもの」と思っておくことです。相手は子どもです。いろいろとやらかしてくれるに決まっているではありませんか。

あらかじめ指導をしておくことで、深刻な問題にならずに済むことも多くあります。この章で紹介してきたのはまさにそういう方法です。しかし、100％問題が起こらないということはありません。必ず問題は起こります。

そもそも、子どもたちはけんかやトラブルなどの問題を経験することで、成長していくものなのです。

友達に傷つけられたり、傷つけたりしながら人の気持ちがわかっていくようになるのです。私たち大人だってそうやって成長してきたではありませんか。

だから、子どもたちに「けんかは絶対にするな」「トラブルなんかもっての他だ」と言うのは、こちらの都合で成長の機会を奪ってしまうということになります。

「けんか、してもいいよ。」
「トラブル、大歓迎だよ。」

「それを通して人の気持ちがわかるようになるんだよ。我慢ができるようになるんだよ。上手な伝え方を身に付けるんだよ。成長するんだよ。」

そんな風に思えることが大切です。

確かに、けんかやトラブルがない方が私たち教師は楽です。

しかし、そもそも私たちは楽をするために教師になったのではないはずです。私たちの仕事には子どもたちの成長を見届ける喜びがあります。

だから、決して楽ではありませんが、子どもたちがけんかやトラブルを通して成長していく姿を見ていこうとゆったり構えましょう。

その上で、その状況をどう生かせるかを考えるのです。

「トラブルはチャンス」＝「トラちゃん」なのです。

何かあった時には「やった！　トラちゃんが来たぞ！」と心の中で喜ぶぐらいの余裕をもちましょう。

もちろん、積極的に問題を起こせと言っているのではありません。

学年主任としては、いつも自分のクラスの問題を対処している状況ではいけないと言っているのです。学年全体を見て、他のクラスのフォローをすることができなくなってしまうからです。

しかし、問題を0にしようとしたら、こちらの心に余裕がなくなってしまいます。

そもそも、学校というところは、イレギュラーなことが起きることが制度設計に入っていないような部分があります。だから問題を起こす子を「やっかいな子」と捉えてしまうのです。

そうではなく、問題を起こす子を「愛すべき対象」と捉えるのです。

教師が、クラスで一番問題を起こす子のことを嬉しそうに語ることができるかどうかが勝負です。

▼問題は起こってもいいんだよ、という心の余裕をもつ。

言葉がけでプラスの暗示をかける

「いいちゃんは、明るくてひょうきん者だね。」

「心優しい友和君。」

「お前はいい男だから落ち着いていろ。落ち着いてさえいれば何だってできる。」

これらの言葉は、私自身が小学生時代に担任の先生方にかけていただいたものです。先生方の声が今でも耳に残っています。これらの言葉が暗示となって、子ども時代の私、そして今の私を支えてくれています。

言葉がけは暗示がけです。

このように考えるのは、私自身の体験が原風景となっているからです。

「いいちゃんは、明るくてひょうきん者だね。」

私が小学校1年生の時は、明るくてひょうきんなどではなく、どちらかといえば暗い子どもでした。そんな私のちょっとした明るい部分を見つけてくださった担任の先生の言葉です。当時の私は学校では自分を出せずにいました。そんな私が繰り返し「明るくてひょうきん者」と言われ続けたことで、いつの間にかクラスのみんなを笑わせることが好きな少年になっていました。

「心優しい友和君。」

小学校４年生の時、友達に意地悪なことばかりしていた私なのに、なぜか心優しいなどと言ってくださった担任の先生の言葉です。当時の私は全然心優しくなんかなかったと思います。それなのに、繰り返し先生から「心優しい」と言われ続けたことで、いつの間にか友達からも「心優しい」などと言われるようになり、結果、自分のことを「心優しい」と思うようになりました。この言葉に後から行動がついてきました。

「お前はいい男だから落ち着いていろ。落ち着いてさえいれば何だってできる。」

小学校６年生の時、すぐに泣き出し、パニックになってしまう私に自信を与えてくださった担任の先生の言葉です。「そうか。落ち着いていればいいんだ。何があっても冷静でいよう。」そう思った私は、その後の立ち居振る舞いが大きく変わりました。

このように、小学校時代の担任の先生方の言葉によって暗示をかけられ、今の自分がいます。

言葉がけは暗示がけです。言葉がけによって、教師が「こんな子になってもらいたい」と思う方向に導いていくことができるのです。

目の前の子どもたちのよい部分を発見したら、それを子どもに伝えます。「優しいね。」「賢いね。」「笑いのセンスがあるね。」「おしゃれだね。」「何でもできてうらやましい。」「心が豊かだね。」「行動力があるね。」「がんばり屋だね。」「人のために動けて素敵だね。」

子どもたちのよい部分にスポットライトを当てると、よい部分がまぶしいくらい光り始め、悪い部分が見えなくなります。「自分も悪くないかも。」「自分にもよいところがあるんだ。」と自分のよさに目がいき、子どもは自分のことが好きになります。

逆に暗示がけはマイナスにも作用することがあります。「君は何をやってもだめだね。」「頭悪いね。」「センスがないね。」「意地悪だね。」「人に嫌われているんだよ。」これらの言葉が子どもたちに暗示となって作用した時に、子どもがどんな風に育つのか、恐ろしくなります。

だからこそ私たち教師は、自分の発する言葉の重さを意識し、子どもが幸せに向かうような言葉がけをする必要があります。

▼子どものよさをふくらますために、あたたかい言葉をかける。

第3章

人気の先生になる！ 愛され教師の仕事術

「自分が学年の重しにならなければ」

「引き締め役を誰かがやらないと」

時にはそういうことが必要になることもあるかもしれません。

しかし、学年全体の安定のために、いつも自分だけが犠牲になるような仕事の仕方をしていて、一年間もつでしょうか。

基本は子どもと楽しく過ごす人気の先生でいられるようにしましょう。

「北風と太陽」の北風を目指すのではなく、太陽を目指しましょう。

「子どもの方から先生に関わりにくる」というシステムをつくる

一秒でも長く子どもたちと関わる。

そう決めます。そのために、教師が自分から子どもに関わっていこうと努力することはもちろん大事です。しかし、一方通行の働きかけだけでは、忙しくなってきた時に息切れしてしまいます。そこで、「子どもの方から先生に関わりにくる」というシステムをつくっておくのです。すると、教師の忙しさや気分に左右されることなく、教師は子どもたちと関わらざるを得ない状況になるのです。一日の生活を「子どもから先生に関わりにくる」という視点で見直してみて、それをシステムにしてしまうのです。

〈宿題の提出〉

子どもたちは、朝教室に入ってきた後に、教卓に宿題を提出します。宿題を提出したら、教師の事務机に置いてある名簿に自分で丸をつけるようにします。その時、教師は事務机のところにいるようにします。すると、子どもの方から教師のところに寄ってくることになります。この時に、「おはよう。」とか「今日もちゃんと宿題をやってきたね。」「宿題難しかった？」などと話しかけます。

〈新出漢字〉

国語科の授業の最初の5分間を、毎回新出漢字の練習の時間にします。この時、漢字ドリルの書き込みが終わった子から教師のところに見せにくるというシステムにしておきます。すると、全員と1対1の関わりが必ずできます。子どもは「よろしくお願いします。」とドリルを見せにきます。この時「ここのはらいが上手だね。」と字のことを褒めたり、服装や持ち物のことを褒めたりして短時間でその子と1対1の会話ができるようにするのです。

これは、漢字以外の課題でもできます。ただし、課題を見せにくる子どもが行列にならないように短時間で関わるようにします。

〈暗唱〉

かけ算九九の暗唱や古典の暗唱などを一人一人教師の前でやらせます。いつまでに合格するようにと期限を決めておくと、みんなが言いにくるようになります。音楽発表会の前には、リコーダーなど楽器のテストもします。

〈班の全員で報告〉

掃除の後、班の全員がそろって教師のところに掃除が終わったことを報告にきます。「○班、教室掃除終わりました。今日もきれいにできました。」という風に報告をしてもらいます。すると、「よくがんばったね。」などと声をかけることができます。

理科の実験の時には、ノートに「学習問題」「予想」「実験方法」を班の全員が書けていたら、教師のところにノートを全員で見せにきます。そして、合格がもらえたら実験を始めてよいという約束にしておきます。

〈給食〉

給食の時に、教師が各班を順番に回って一緒に食事をします。この時、その班の子全員と会話ができるようにします。そのために、日記の内容などを覚えておいて確実に会話ができるようにします。ところが、そうは決めていても積極的な子とばかり話してしまいがちになります。特に多忙な時期には、一緒に食べていても一人一人に話しかける余裕がなくなってしまうこともあります。そこで、教師が各班を回るのではなく、子どもが教師のところに順番に来るようにします。一人ずつだと話すのが苦手な子には負担になってしまうので、二人か三人ずつくらいがちょうどよいです。

〈クラス全員で遊ぶ日〉

週に何回かはクラス全員で遊ぶ時間をつくります。この時に教師も入って一緒に思いっきり遊びます。一緒に汗をかいて楽しむことで、心の距離が近くなるはずです。

また、教室の中とは違う子どもたちの様子を見ることができるはずです。授業中はおとなしくしている子が遊びの時には積極的に話しかけてくることもあります。

〈日記〉

直接ではありませんが、日記を通して毎日確実に関わることができます。特に思春期に入ってコミュニケーションをとることが難しくなった時に有効です。直接はあまり話しかけてくれないけれど、日記には素直にいろいろ書いてくれるという子もいます。

また、「困っていることがあって、直接言いづらい時には日記に書いてね。」と話しておくと、書いて相談をしてくれることもあります。悩みを受けとめてあげることができます。

毎日短くてもコメントを書くようにします。

私の学級でやってきたことを紹介してきました。しかし、あくまでこれらは例です。それぞれの学級の生活を思い浮かべ、どの場面で子どもの方から関わりにくるシステムがつくれるのかを考え、いろいろと試してみてください。もちろん、システムをつくって終わりではありません。同時に自分自身が、子どもが関わりたいと思える教師になる努力をすることも大切なのです。それがないと、最悪の場合は子どもが嫌々教師のところに関わりにくるという状況になり、不満をもたれるだけになってしまいます。

自分が子どもだったら、どんな先生ともっと関わりたいと思うでしょうか。

明るい、褒めてくれる、おもしろい、話を聞いてくれる、安心できる、守ってくれる、ためになる話をしてくれる、わかるまで教えてくれる、やる気にしてくれる……。

こういったことを想像し、そうなれるように努力をするのです。はじめは演技でいいのです。演技でも続けていくうちに、やがてそれは本物になります。

▼「こんな先生と関わりたいな」と思ってもらえるように努力をするのとセットで、「子どもの方から先生に関わりにくる」というシステムをつくる。

スキンシップがとれる遊びを取り入れる

スキンシップを通して、心の距離が近くなります。しかし、何もなくいきなりスキンシップをとるのは、ハードルが高いです。そのため、自然にスキンシップがとれるような楽しい遊びをするのです。

子どもの方から「やって」「やって」と来るようになります。


〈**魂が抜ける**〉

「今から魂を抜くよ。スーッとするからね。」と話し、子どもの手首をぎゅっと握り、血の流れを止めます。

次に、手首を握ったまま、子どもの手を白くなるまで擦ります。

手首を放すのと同時に、反対の手で魂を

子どもの手首をぎゅっと握って擦る

手首を放して引っ張り上げる

引っ張り上げるような動作をします。指を順番にちょんちょんと触ってからやると、それっぽく見えます。

すると、止められていた血液が流れ、スーッとする感覚が魂が抜けたように感じられます。

〈腕が勝手に上がる〉

子どもが外側に腕を上げるのを、教師は外側から押さえます。

これを20秒間続けます。

押さえた腕を離すと、子どもの腕が勝手に外側に上がっていきます。

〈体が軽くなる〉

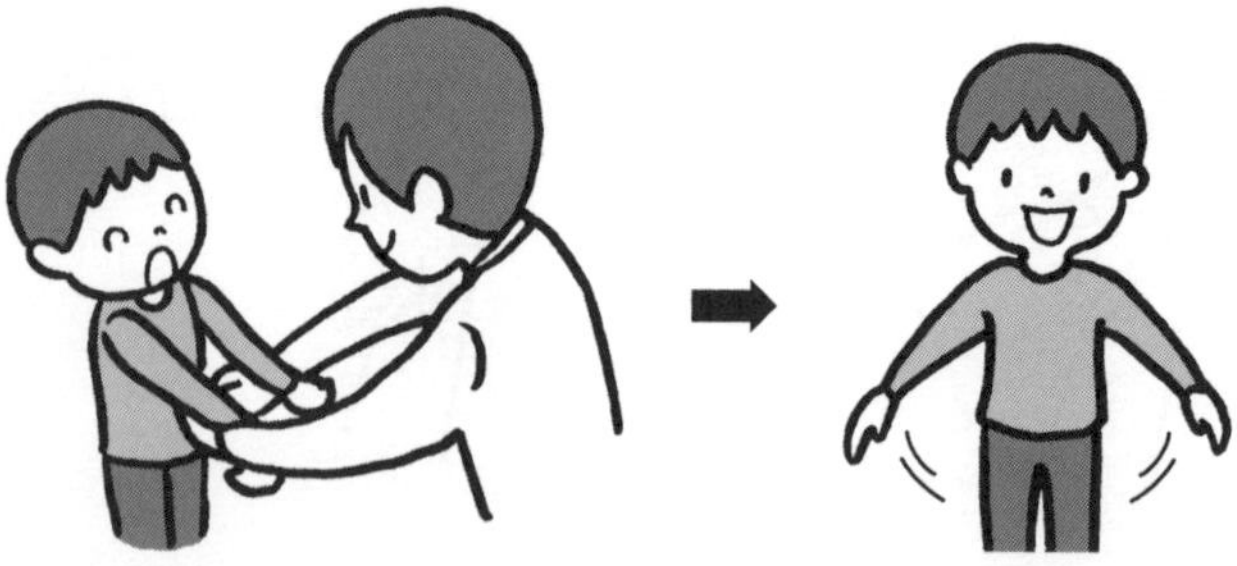

20秒押さえる　　腕が勝手に上がる〜

五人で行います。

一人の子を椅子に座らせます。他の四人は、人差し指だけ伸ばして両手を合わせ握ります。

四人は座っている子の右脇の下、左脇の下、右膝裏、左膝裏にそれぞれ一人ずつ人差し指を入れて持ち上げます。

しかし、人差し指だけなので、持ち上がりません。

今度は座っている子の頭の上に、四人が手の平をかざします。手が一番上にある子が、手の平を回します。

すると、空気をかき回しているので、座っている子の頭の上から風が吹いてきたように感じます。

上がらないが、手をかざすと……

「風が吹いてきたから、軽くなりました。」と話し、もう一度四人は座っている子の脇の下と膝裏に人差し指を入れて持ち上げます。
　すると、驚くほど簡単に体が持ち上がります。

〈背中に指何本?〉

　背中を指何本かで触ります。
「これ、何本?」と聞きます。
なかなか正解できず、おもしろいです。
子どもの方からやってくるようになります。

　ここで紹介したものの他にも、腕相撲や

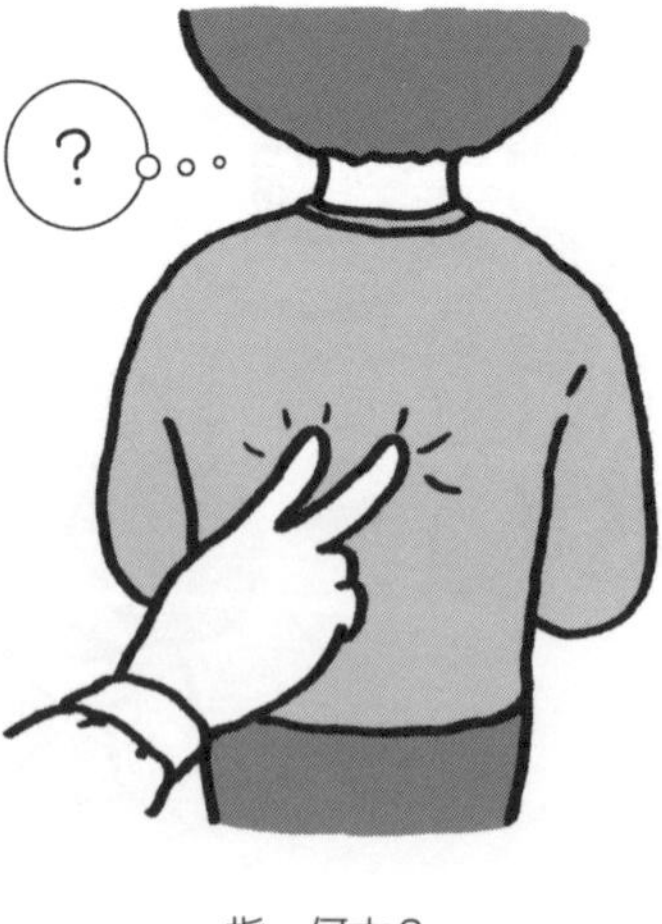

指、何本?

指相撲など単純なものでも子どもたちは喜びます。

外で遊ぶ時にも手つなぎ鬼などスキンシップがとれるものを積極的にやるようにします。

ただし、体を触る時は、年齢や性別、触り方に十分気を付けてください。高学年の女子に男性の先生が行うのは避けた方がよいでしょう。

▼楽しくスキンシップがとれる遊びで仲良くなろう。

多忙オーラは出さない

学年主任の仕事は多く、はっきり言って忙しいです。他の校務分掌の仕事も抱えていたら、なおさらです。しかし、それを子どもの前ではできるだけ出さないようにします。

子どもは、多忙オーラを出し、せかせか動いている大人に安心するでしょうか。悩み事があったら相談できるでしょうか。「忙しそうだから」と遠慮してしまう子もいるのではないでしょうか。

だから、子どもの前ではわざと、ぼけーっとして見せるのです。本当は忙しくても「先生、暇なんだよ。話し相手になってよ。」などと話しかけます。

なんでもきちんと完璧に、的確にやろうとする真面目先生は、「間閉《まじ》め先生」になってしまいます。子どもが安心できる間《ま》を閉めて、窮屈な思いをさせてしまいます。

子どもにとっては、「間抜け先生」くらいの方がちょうどよいのです。ちょっとくらい抜けているところがある方が子どもは安心します。だから、間閉《まじ》め先生より間抜け先生を目指しましょう。多忙オーラは出さないようにします。

仕事に追われてせかせか動いていたら、子どもと仲良くなるチャンスを逃してしまいます。授業中、子どもと目が合っても、そのままスルーしてしまいます。しかし、教師に心のゆとりがあれば、目が合ったチャンスを逃しません。目が合った時に、目を大きくして、口角を上げて、ニコッとします。それを続けていると、子どもも笑顔を返してくれるようになります。たったそれだけのことで、その子と仲良くできるのです。ただし、この方法は、高学年の場合は「きもい」などと言われてしまうこともあるので注意です。それも含めて仲良くなれるチャンスなのですが、状況はよく見てください。

子どもの前で多忙オーラを出さないために、私の場合、次の二つのことをしています。

一つ目は、子どもに直接関わることで、その場でできることはその場ですぐにやってしまうということです。例えば、テストの丸つけです。テストが終わって見直しをした子から、私のところにテストを持ってくることになっています。子どもたちの行列をつくらないために、子どもたちがテストをやっている間に私は解答を熟読して覚えておきます。子どもたちが持ってきたら猛烈なスピードで丸つけをして、その時間ですべて終わらせます。

二つ目は、子どもに直接は関わらない事務仕事についてです。

私は、事務仕事は子どもがいる時間にはやらないようにしています。すぐにやらなければ周りの先生に迷惑をかけてしまう場合は除きますが、基本的にはやりません。子どもと一緒にいる時には、ずっと子どもと関わるようにしています。

では、事務仕事はいつやるのか。それは、たいてい勤務時間外です。子どもが帰ってからも勤務時間は何らかの会議が入っています。そのため、自分一人でできる事務仕事は勤務時間外になることが多いです。事務仕事だけでなく、子どものノートを見たり、教材研究をしたり、学級通信を書いたりもしているので、結構な量を勤務時間外にやっています。

「働き方改革」が叫ばれ、「勤務時間を短くしていきましょう」と言われている世の中の動きとは逆を行っています。しかし、私はこれでよいと思っています。なぜなら、私たちの仕事の目的は、5時に帰ることや、短い時間で仕事を終わらせることではないからです。できるだけ効率的に事務仕事をこなし、これらの時間を短くすることは大切です。ただし、それは時短の努力によって子どもたちとの時間が充実するならばです。時短ばかりを考えて、最も大切な子どもたちとの時間を充実させられなくなってしまっては本末転倒です。

今の私の場合は、勤務時間外に事務仕事をすると割り切ってしまった方が、多忙オーラを出さずに、子どもたちとの時間を充実させられるからそうしているのです。あくまで今の私がそうしているだけなのです。それぞれにライフステージがあります。自分に合った働き方をすればよいのです。

▼間《ま》閉《じ》め先生より間抜け先生を目指そう。

ユーモアある指導を心掛ける

秩序を保つためには厳しさも必要です。だめなところは叱るべきです。
しかし、いつもいつも厳しく対応していたら疲れてしまいます。ちょっとくらいの不適切な行動だったら、ユーモアのある対応で笑いに変えてしまいます。そうして、明るい雰囲気をつくっていきます。
こんな対応はどうでしょうか。

〈ぼけーっとしていて話を聞いていない子がいたら……〉

↓〇〇さんは、先生に見とれていたか給食のことを考えていたかどちらかだね。

〈子どもが「えー」と言った時〉

↓だれですか？　AとかBとか言っているのは！

〈子どもが文句を言った時〉

↓ブツブツ言う子は、ぶつよ。

〈指示が伝わらなかった時〉

↓（外国人風に）ンー。ニホンゴ、ムズカシイネ。

〈椅子をしまい忘れて席を離れる子がいた時〉

↓そんなことやっていると、トイレでも流し忘れちゃうよ。

〈笑いが止まらなくなっている子がいた時〉

↓変なきのこを食べたんですか？

〈友達が発表しているのに発表者を見ないで、黒板の方を見ている〉

↓君は黒板が大好きなんだね。いっそのこと、机を黒板の近くにしてあげようか。

〈言い訳ばかりしている時〉

↓出た！　言い訳界のミスチル！

〈作業がゆっくりな時〉

↓（リモコンを子どもたちに向けて）「よーし、早送り、ピ」

〈作業を止めてほしい時〉

↓（リモコンを子どもたちに向けて）「一時停止、ピ」

〈作業に時間がかかりすぎている時〉

↓もう。時間かかりすぎ。先生、こんなにシワが増えちゃったでしょ。最近までシワ一つなかったのに。

〈うわばきのかかとを踏んでいる子がいた時に〉

↓うわばきが痛い痛いって泣いているよ。職員室まで聞こえてきたよ。

〈何か不適切なことをしている時〉

↓君は先祖からの言い伝えか何かで~するように言われているの？

君は～するように、悪の組織から命令されているの？

〈子どもが鉛筆を落とした時〉

↓あなたが落としたのは、金の鉛筆ですか。それとも銀の鉛筆ですか。それとも、この普通の鉛筆ですか。

〈下敷きを敷き忘れている時〉

↓○○さんは、バナナの皮をむくのを忘れて食べちゃうタイプ？

〈黒板に書いた文字が間違っているのを指摘された時〉

↓ほー。なかなかいい目をしているね。視力2．0！

ほー。やっと気付きましたね。先生は君たちを試していたのですよ。先生は、4年に一度間違えるのです。前回間違えたのが、リオオリンピックの年だったから、もうあれから4年も経つのですね。（遠い目をして）月日が経つのは早いものです。

〈子どもが物を乱暴に扱っている時〉

→○○が痛いって言っているよ。謝って！

子ども「ごめんなさい」

教師（その物になりきって声を変えて）「いいよ。もうしないでね。」

こちらは冗談で言っているつもりでも冗談だと思ってもらえないこともあるので、「この子には冗談が通じるな」とわかってからにした方が無難です。

また、このように冗談で返していい場合は、小さなことだけです。友達を傷つけるような言動や、食べ物を粗末にしているような言動など、教師が見逃せないものは、厳しく指導しなければなりません。

▼小さなことは笑いに変えてしまう。でも、冗談が通じないことも……注意。

指導は3段階で考える

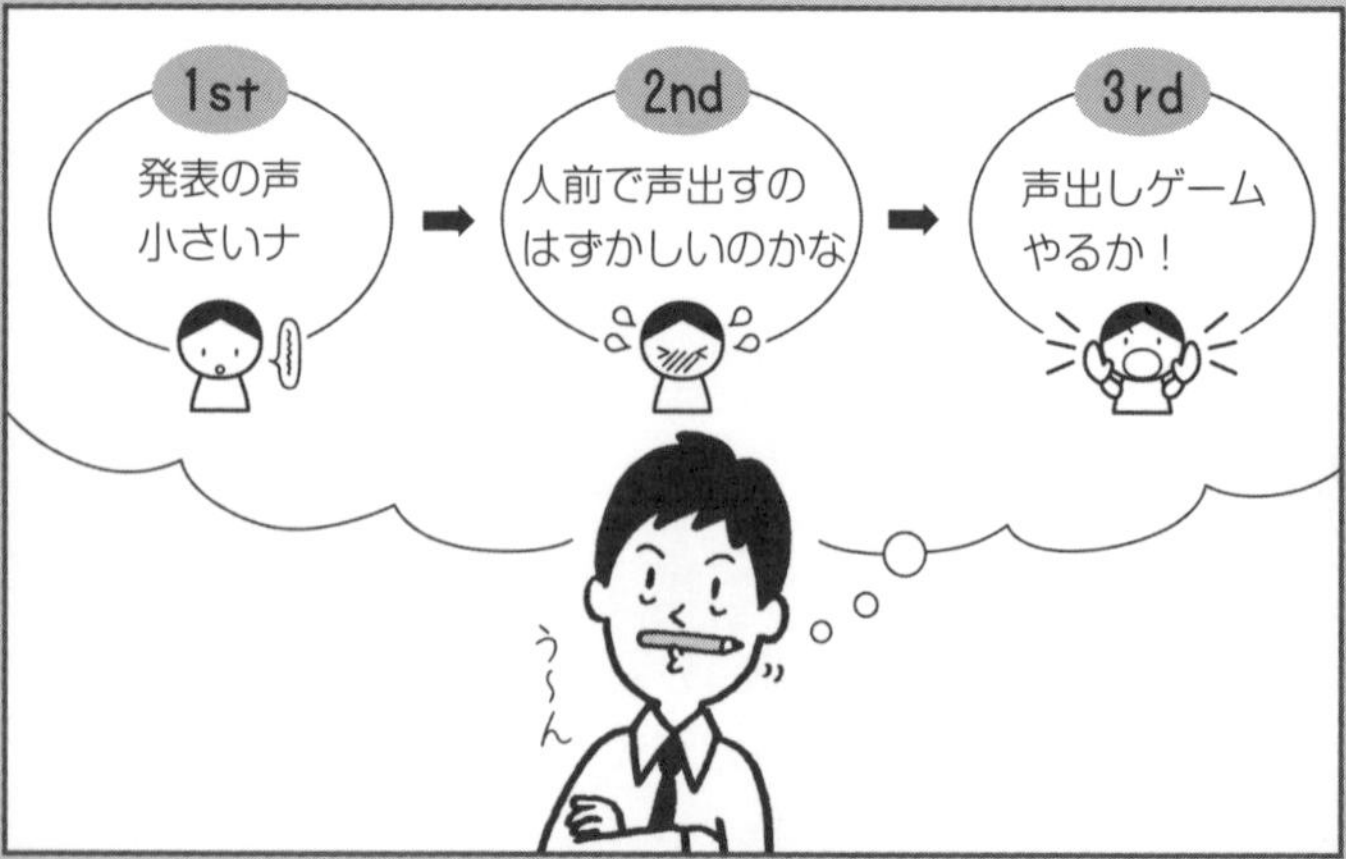

「クラスの子どもたちをこうしたい。」

そう考え、指導をします。その際、私は次の3段階で考えています。


1子どもたちの姿に不備不足を見出し、こうあってほしいという理想像を思い描く。

2それができていない原因を考え、できるようにするためのスモールステップをつくる。

3楽しい雰囲気の中でスモールステップの階段を上っていけるような活動を考える。


それぞれ少し詳しく説明します。

1子どもたちの姿に不備不足を見出し、こうあってほしいという理想像を思い描く。


ある年の4月、私は学級開き初日の子どもたちの姿を見て、次のように思いました。

「発表の声が小さいな。それに、手を挙げて発表する子も少ない。表情も硬い。」

このように、子どもたちの姿に不備不足を見出しました。

そして、「どの子も手を挙げて、大きな声で生き生きと発表ができるようにしたい。」という理想を思い描きました。子どもたちの姿に不備不足を見出せるからこそ、指導ができるのです。そして、その上で、現状からスタートした「こうしたい」「こういう姿になってくれたらうれしい」という理想を思い描きます。ここから指導が始まります。

2それができていない原因を考え、できるようにするためのスモールステップをつくる。

なぜそれができないのか。その原因を考えます。そして、原因を一つ一つ取り除いていきます。個人に働きかけることもあれば、集団に働きかけることもあります。

一気に理想状態に引き上げるということは難しいので、一つ一つ階段を上っていけるようにスモールステップを考えます。

「どの子も手を挙げて、大きな声で生き生きと発表ができるようにしたい。」という理想を思い描いた時は、次のようなスモールステップを考えました。まずは「返事」ができるようにすること。そして、一問一答のような答えがはっきりしている単純な問いに対しては挙手して答えられるようにすること。そして、発表の声を大きくすること。……というように、階段を上っていくように指導していきます。

3楽しい雰囲気の中でスモールステップの階段を上っていけるような活動を考える。

「やらされている感」を出さずに、楽しみながらいつの間にかスモールステップの階段を上っているような活動を考えます。

例えば、発表の声を大きくしたいとします。みんなで声を出して楽しむゲーム「落ちた落ちたゲーム」を繰り返すことによって声が大きくなります。

「落ちた落ちたゲーム」は、次のように行います。

教師が「落ーちた落ちた」と言ったら、子どもたちがみんなで「なーにが落ちた」と元気に言います。その後に教師が「りんご」か「かみなり」か「爆弾」と言います。子どもはそれに合うジェスチャーをします。間違えた子は失格で座っていきます。最後まで残った子の勝ちです。

このようなゲームをして楽しんでいるうちに、発表の声が大きくなります。

かみなり：おへそを隠す，りんご：手を広げて受け止める，爆弾：頭を抱える…などジェスチャーをする

▼スモールステップをつくって、ちょっとずつ成長させる。

楽しみながら
いつの間にか
鍛えてしまう

教育にとって、笑いは万能調味料です。この笑いという調味料を入れると、子どもたちは喜んでその指導を受け入れ、成長していきます。

ただ笑って楽しむだけではなく、楽しみながらいつの間にか鍛えられているということが大事です。

そのために、次の三つのことを心掛けて指導していきます。

1指導すべきことはきちんと指導する。
2楽しい雰囲気の中で行う。
3子ども同士が関わり合う。

ここでは、朝の健康観察を通して、この三つの心掛けを生かした指導を紹介します。

教師が子どもの名前を呼んで、子どもが返事をするという一般的な健康観察です。

朝の健康観察では、何もしなければ「飯村君」「は～い」とちょっと手を上げて小さな声の返事が返ってくるという状態になってしまいがちです。

しかし、右の三つのことを組み合わせて指導をすると、元気いっぱいの健康観察にすることができるのです。

1指導すべきことはきちんと指導する。

次のことを指導します。

・返事は「はいっ」と小さい「っ」が入ること。

・手は天井を突き刺すようにまっすぐ上げること。

・元気だということが伝わるようにニコッとすること。

健康観察は毎日あります。一度にすべてを教えるのではなく、「今日はこれ」というように絞って教えるようにします。

これは、この場面に限ったことではありません。一度の指導ですべてを指導しようとすると、失敗することが多いです。点ではなく、線で指導していくイメージです。こういったことを教えるだけでも元気に返事ができる子がいます。そういう子をどんどん褒めてモデルとします。

後出しじゃんけんのように子どもにやらせてから「あれがだめ。これがだめ。」と指導するのではなく、先に指導すべきことを指導してからそれについて評価をします。

2楽しい雰囲気の中で行う。

楽しい雰囲気の中、みんなで「はいっ」と言う練習をします。

教師「朝、牛乳を飲んできた人?」
子ども「はいっ」
教師「犬派か猫派かと言われたら、猫派の人?」
子ども「はいっ」
教師「胸の中にあって呼吸に使うものは?」
子ども「肺っ(笑)」
教師「先生のこと、かっこいいと思っている人?」
子ども「しーん(笑)」
教師「そこは、『はいっ』って言わんのかいっ!(笑)」

こんなことをテンポよくやっていきます。

楽しい雰囲気の中で、みんなで返事をするということを繰り返します。

みんなで声を出すので一人ではあまり声が出せない子でもみんなにつられて、大きな声を出すようになります。

3子ども同士が関わり合う。

健康観察の前に、教師は子どもたちに次のように言います。

「隣の人に『あなたの元気な返事に期待しているよ』と言いましょう。」

子どもたちはニコニコしながら、教師に言われた通りに隣同士で声をかけ合います。

この言葉は日によって変えます。

「あなたはきっとニコッと笑顔で返事をするんだろうな。」「あなたの天井に突き刺さるような手の上げ方、今日も見たいな。」などちょっとユーモアのある言葉がよいです。こういう言葉を子どもたちが隣同士でかけ合うことで、明るい雰囲気になります。このような言葉がけは「ほめ言葉のシャワー」などで有名な菊池省三先生から教わりました。

全員の健康観察が終わったら、「隣の人に返事がどうだったか言ってあげましょう。素敵な返事だったら『あなたの返事、最高だったよ。』と言ってあげましょう。」などと言います。ここの言葉も、「あなたの返事で感動して涙が出そうになったわ。」「あなたの手の上げ方は東京スカイツリーのように伸びていて立派だったよ。」などユーモアのある言葉を言ってもらうと楽しい雰囲気になります。

さらに、全体に「誰の返事がよかった?」などと聞いて、よい返事をしている子をみんなの前で褒め、モデルにします。

何も指導をしなければ、暗い返事になりがちな健康観察でも、この三つのことを組み合わせて指導していけば、元気いっぱいやる気いっぱいの返事になります。朝からよい雰囲気で学校生活をスタートさせることができます。

これは、他の場面にも応用が可能です。

自分なりにアレンジを加え、応用してみてください。

▼笑いは万能調味料。うまく使えば子どもを伸ばせる。

その立場になって子どもの気持ちを推し量る

数年前、ある研修会に参加しました。

集まったのは、ほぼ初対面の人たちでした。その中で、講師の先生からは「いぇーい！」「どーもー！」などと大声で言うように指示されました。

周りの人はハイテンションでやっています。私はというと、できませんでした。普段教室ではできますが、ここでそれをやるのはちょっとなあという気持ちでした。

なんとも居心地が悪かったです。

この時、私の教室にも、こういう居心地の悪さを感じている子がいるかもしれないと思ったのです。

この経験があるからか、明るく楽しい教室にしたいとは思っていても、「さあ、やってみよう」という雑な振りはしないようにしています。ていねいに雰囲気をあたためてから、表現をさせるようにしています。

そして、居心地の悪さを感じている子はいないか、注意して子どもたちの様子を見るようにしました。

また、他のある研修会に参加した時のことです。

ここでは、ずっと講師の話を一方的に聞かされました。おもしろい話、わかりやすい話ならよいのですが、そうではありませんでした。私は、何度も時計を見て「早く終わらないかな」と思っていました。

なんとも辛かったです。

この時、私の教室にも、こういう辛さを感じている子がいるかもしれないと思ったのです。

この経験があるからか、私が一方的に話す必要がある場合には、できるだけ時間を短くしようと思っています。時々、子ども同士がペアで話して確認をする時間をつくったり、立ったり座ったりする時間をつくって飽きを緩和したりするようにしています。そして、楽しくわかりやすい話にしようと心掛けるようになりました。

また他の、ある研修会に参加した時のことです。

ここでは挙手をして意見を言うことを求められました。しかし、なかなか手を挙げることができませんでした。私も他の参加者も下を向いてその場をやり過ごし、何とも気まずい雰囲気になりました。

普段、教室では子どもたちに、積極的に手を挙げて発言することを求めていながら、自分にはそれができませんでした。

簡単に「手を挙げて」と言っているけど、そんなに簡単なことではないのだと思いました。

授業を受けるという立場になってみると、子どもの気持ちを想像することができます。そのため、このような場に足を運んで、子どもの気持ちを想像するということは大切です。その立場になってみないと、わからないことがあります。

子どもが何か不適切なことをしたとします。その子の立場になってみると、不適切なことをする理由があるのかもしれません。「だめでしょ!」と責める前に、「どうしたの?」と聞いてあげたら、その子がその行動をするに至った理由を教えてくれます。その子の気持ちがわかります。だめなことはだめと指導をしますが、その気持ちには寄り添うことができます。敵にならないで済みます。

▼子どもの立場になることで、子どもの気持ちを想像しよう。

理想の子ども像を自分が体現してみせる

あなたは、クラスの子ども、学年の子どもたちにどんな子どもになってほしいですか。
この本を読むのを一度止めて、じっくり考えて左に書き込んでみてください。

書けましたか。
右に書いた理想とする子ども像を自分が体現してみせるのです。
できそうでしょうか。
子どもは、大人の言うようにはなりません。
子どもは、大人のするようになるのです。

なってほしい姿を口で言うことも大切なのですが、なってほしい姿を教師自身が体現してみせた方が圧倒的に効果は大きいのです。今日一日、子どもたちの前で、自身の理想とする子ども像を体現してみせてあげてください。優しい子になってもらいたかったら、自分が子どもたちに優しくしている姿を見せるのです。

自分だって失敗するのに、子どもが失敗したら頭ごなしに怒ってはいませんか。

勉強を一生懸命やる子になってもらいたかったら、自分が一生懸命勉強している姿を見せるのです。自分は大して教材研究をしていないで授業をしたのに、子どもが一生懸命やらないことに腹を立てていませんか。

整理整頓をきちんとできる子になってもらいたかったら、自分が机の中の整理整頓をしている姿を見せるのです。自分の机の中はぐちゃぐちゃなのに、机の中がぐちゃぐちゃで落とし物ばかりしている子のことを怒っていませんか。

掃除を一生懸命やる子になってもらいたかったら、自分が一生懸命掃除をしている姿を見せるのです。自分は掃除をしないのに、やらない子どものことを叱っているだけになっていませんか。

理想とする子ども像を体現してみせようとすると、子どもたちに望んでいること、やらせていることは、結構大変なのだと気付くはずです。

自分がやってみると、できていない子の気持ちもわかります。

「そうだよね。わかっていてもできないことってあるよね。」

そして、できている子のことは本気ですごいと思えます。

「すごいなあ。尊敬するよ。」

子どもたちに対して、出てくる言葉が変わってきます。優しくなれます。

自分にも、子どもにも、あまり厳しくなりすぎないようにしましょう。

▼自分が理想とする子ども像をまずは自分がやってみる。

やっぱり
授業を大切にする

ある程度経験を重ねていくと、授業を流すことはできるようになってきます。すると、こちらに困り感がなくなってきます。ここに落とし穴があります。

「もう授業は大丈夫！」

そんな錯覚を起こしてしまうのです。

でも、本当に大丈夫なのでしょうか。そもそも何を基準に大丈夫と思っているのでしょうか。子どもたちが大人しく席についていて、学習内容の漏れがなく、流れていればそれでよいのでしょうか。

たとえ教師が自分の授業に満足していたとしても、子どもたちにとってはそうではないかもしれません。

ずっと「つまらないな。」「わからないな。」「これやって意味あるのかな。」「早く終わらないかな。」と我慢しているだけかもしれません。

わからなくてつまらない授業を毎日何時間も受けさせられていたら、私たち大人だって嫌になってしまいます。

子どもたちが学校で過ごす時間のうちのほとんどは授業の時間です。休み時間や給食の時間、掃除の時間などがいくら充実していたとしても、ほとんどの時間を占めている授業が我慢の時間となっていたら、学校生活は充実しないのです。

だから、学年主任、ベテランになっても、自分の授業をよりよいものにする努力を止めてはいけないのです。いえ、学年主任、ベテランという立場になったからこそ、授業をよりよいものにするように努力をしなければならないのです。

私は、初任からずっと高学年の担任をしていました。そして、8年目にして初めて低学年の担任をすることになったのです。この時、戸惑うことが多くありました。その中の一つが、算数の授業で使う算数セットの使い方がよくわからなかったことでした。授業の中で、これだけたくさんの道具をどのように使わせたらよいのかがまったくイメージできなかったのです。そこで、その時組んでいたベテランの学年主任の先生に「教えてください」とお願いしました。すると、「先生のクラスで授業をやってあげるね。直接見た方がわかるでしょ。」と言ってくださいました。

翌日、授業を見せていただきました。算数セットの使い方がよくわかりました。手先の不器用な子、指示をきちんと聞けていない子たちを授業に引き込み、道具をきちんと使わせているのです。子どもたちは、とても満足そうでした。授業というのは、このようにやるのだということが、その先生の指導、そして自分のクラスの子どもたちの姿を通して、よくわかりました。何十年と磨いてきた職人の技を見せてもらいました。

私たちは、こうやって先輩方から技術を学び、そして身に付けてきました。今度は、それを下の世代の先生方に伝えていかなければならない立場にいるのです。果たして今の自分にそれができるかと言われたら、まったく自信がありません。しかし、やらなければならないのです。先輩方がしてきたことを引き継ぎ、それを発展させ、次の世代に伝えるということを。実際に授業を見せることで。

だからこそ、授業をよりよいものにする努力をしなければならないのです。わかりやすくて、楽しくて、成長が実感できるような授業。学年の先生が見たら憧れるような授業。そんな授業ができるようになることを目指すのです。授業で勝負できる学年主任を目指すのです。

もちろん、学年の先生方から謙虚に学ぶということも忘れてはいけません。

▼授業を見せられる学年主任を目指そう。

【著者紹介】
飯村　友和（いいむら　ともかず）
千葉県八千代市立高津小学校教諭。1977年生まれ。教員歴18年目。子どもたちが自分を表現できる教室を目指している。そのために，安心できる集団づくり，自己肯定感を高める取り組みを行っている。学級づくり，授業づくりをテーマに，全国各地で講演をしている。著書に『教師のためのポジティブシンキング』『どの子の信頼も勝ち取る！　まずは人気の先生になろう！』（明治図書，単著）『やる気スイッチ押してみよう！元気で前向き，頑張るクラスづくり』（明治図書，共著）『ロケットスタートシリーズ　小学４年の学級づくり＆授業づくり　12か月の仕事術』（明治図書，部分執筆）などがある。三度の飯より猫が好き。

〔本文イラスト〕木村　美穂

あなただからできると信じてくれたから…
学年主任の仕事術
学級経営も学年運営も上手にこなすコツ

2020年２月初版第１刷刊
2023年１月初版第６刷刊
©著　者　飯　村　友　和
発行者　藤　原　光　政
発行所　明治図書出版株式会社
http://www.meijitosho.co.jp
（企画）佐藤智恵（校正）粟飯原淳美
〒114-0023　東京都北区滝野川7-46-1
振替00160-5-151318　電話03(5907)6703
ご注文窓口　電話03(5907)6668
＊検印省略
組版所　株　式　会　社　カ　シ　ヨ

本書の無断コピーは，著作権・出版権にふれます。ご注意ください。

Printed in Japan　ISBN978-4-18-331220-4

もれなくクーポンがもらえる！読者アンケートはこちらから
→

ちょこっとスキルシリーズ

高橋 朋彦・古舘 良純 著

ちっちゃいけれど効果じわじわ

授業づくりサポートBOOOKS

授業の腕をあげる ちょこっとスキル

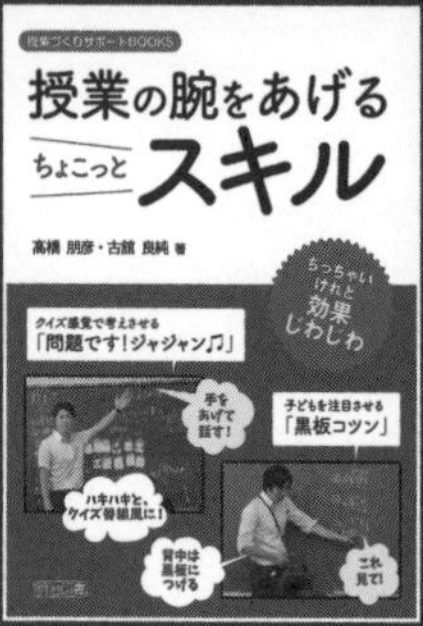

日々のちょこっとスキルがじわじわ効いて、いい授業

指示・説明、発問、板書、ノート指導…毎日のように教室で行う指導に効くミニアイデアを集め、ビジュアルにまとめました。ちょっとの工夫がじわじわと子どもたちにしみこみ、教室には笑顔が増え、「勉強大好き！」と声が上がります。教師も授業が楽しくなります。

2579・A５判・136頁・1800円+税

学級経営サポートBOOOKS

学級づくりに自信がもてる ちょこっとスキル

日々のちょこっとスキルがじわじわ効いて、いいクラス

朝の会・帰りの会、給食、清掃、…毎日のように教室で行う指導に効くミニアイデアを集め、ビジュアルにまとめました。ちょっとの工夫がじわじわと子どもたちにしみこみ、教室には笑顔が増え、子どもに「安心感」が広がります。教師もクラスづくりに自信がもてます。

2787・A５判・136頁・1800円+税

明治図書　携帯・スマートフォンからは **明治図書 ONLINE へ** 書籍の検索、注文ができます。▶▶▶
http://www.meijitosho.co.jp　＊併記４桁の図書番号（英数字）でHP、携帯での検索・注文が簡単に行えます。
〒114－0023　東京都北区滝野川７－46－１　ご注文窓口　TEL 03－5907－6668　FAX 050－3156－2790